Fit for Future

Reihe herausgegeben von

Peter Buchenau
The Right Way GmbH
Waldbrunn, Deutschland

Die Zukunft wird massive Veränderungen im Arbeits- und Privatleben mit sich bringen. Tendenzen gehen sogar dahin, dass die klassische Teilung zwischen Arbeitszeit und Freizeit nicht mehr gelingen wird. Eine neue Zeit – die sogenannte „Lebenszeit" – beginnt. Laut Bundesregierung werden in den nächsten Jahren viele Berufe einen tiefgreifenden Wandel erleben und in ihrer derzeitigen Form nicht mehr existieren. Im Gegenzug wird es neue Berufe geben, von denen wir heute noch nicht wissen, wie diese aussehen oder welche Tätigkeiten diese beinhalten werden. Betriebsökonomen schildern mögliche Szenarien, dass eine stetig steigende Anzahl an Arbeitsplätzen durch Digitalisierung und Robotisierung gefährdet sind. Die Reihe „Fit for future" beschäftigt sich eingehend mit dieser Thematik und bringt zum Ausdruck, wie wichtig es ist, sich diesen neuen Rahmenbedingungen am Markt anzupassen, flexibel zu sein, seine Kompetenzen zu stärken und „Fit for future" zu werden. Der Initiator der Buchreihe Peter Buchenau lädt hierzu namhafte Experten ein, ihren Erfahrungsschatz auf Papier zu bringen und zu schildern, welche Kompetenzen es brauchen wird, um auch künftig erfolgreich am Markt zu agieren. Ein Buch von der Praxis für die Praxis, von Profis für Profis. Leser und Leserinnen erhalten „einen Blick in die Zukunft" und die Möglichkeit, ihre berufliche Entwicklung rechtzeitig mitzugestalten.

Weitere Bände in dieser Reihe http://www.springer.com/series/16161

Nadja Forster

Hidden Digital Champions

Wie sich KMUs und das Handwerk für die Zukunft rüsten

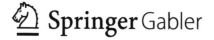

Nadja Forster
NF CB e.K.
München, Deutschland

Fit for Future
ISBN 978-3-658-26723-0   ISBN 978-3-658-26724-7 (eBook)
https://doi.org/10.1007/978-3-658-26724-7

Die Deutsche Nationalbibliothek verzeichnet diese Publikation in der Deutschen Nationalbibliografie; detaillierte bibliografische Daten sind im Internet über http://dnb.d-nb.de abrufbar.

Springer Gabler
© Springer Fachmedien Wiesbaden GmbH, ein Teil von Springer Nature 2019

Springer Gabler ist ein Imprint der eingetragenen Gesellschaft Springer Fachmedien Wiesbaden GmbH und ist ein Teil von Springer Nature.
Die Anschrift der Gesellschaft ist: Abraham-Lincoln-Str. 46, 65189 Wiesbaden, Germany

Vorwort

Es ist nicht mehr nur eine reine Vermutung und es handelt sich auch nicht um bloße Gedankengespinste: Wir befinden uns seit geraumer Zeit mitten im Wandel. Kein kleiner Wandel, bei dem ein Trend mal wieder den anderen jagt. Es geht um einen Wandel, so bedeutsam wie seinerzeit die Einläutung der Industrialisierung. Nichts, was wir bequem aussitzen können.

An allen Ecken und in jedem Lebensbereich ist eine gewaltige Bewegung ausgebrochen, politisch, gesellschaftlich und wirtschaftlich. Gefühlt bleibt kein Stein auf dem anderen. Das Spannende dabei ist nicht, dass die einzelnen Themen stattfinden, sondern es ist das Gesamtbild, das eine wichtige Rolle spielt. Und das gesamte Ausmaß der Entwicklungen werden wir wohl erst im Rückblick erkennen.

Im Moment gilt es, sich mit den aktuellen Herausforderungen, auf die ich in Kap. 1 näher eingehe, zu befassen und sich darin zu bewegen, um den eigenen Platz zu finden bzw. neu zu definieren. Manche sehen dies gar nicht als ihre Aufgabe oder möchten die Veränderungen aussitzen, weil es ihnen zu viel Aufwand ist oder sie sich nicht mehr in die neuen Entwicklungen einarbeiten wollen. Für andere ist es gerade schwer, weil sie nicht wissen, wo sie anfangen sollen – also stecken sie die Köpfe in den Sand. Abwarten steht auf der Tagesordnung. Das ist verständlich und gleichzeitig so falsch: Klar geht es nicht darum, alles zu überstürzen und auf jeden Zug aufzuspringen, aber gar nichts zu tun und abzuwarten, wie sich die Ereignisse bei denjenigen auswirken, die die Schritte nach vorne wagen, erhöht die Chance des Scheiterns um ein Vielfaches. Der eigene Platz wird sich ändern und auch wir als Unternehmer müssen uns an die neuen Gegebenheiten anpassen.

Die Zeit steht nicht still, die Entwicklungen der Technologien, der Produkte, der Geschäftsmodelle und des gesamten Lebens werden immer dynamischer. Wartet man jetzt ab, wird ein Aufholen irgendwann unmöglich sein. Manche Schätzungen gehen sogar so weit, dass Unternehmen, die sich jetzt nicht trauen, neue Wege zu gehen, in drei bis fünf Jahren vom Markt verschwunden sein werden. Deshalb heißt es jetzt, mutig zu sein, sich den Herausforderungen zu stellen, hinzusehen und auszuprobieren, zu scheitern, wieder neu aufzustehen und weiterzugehen.

Das gilt vor allem für uns Unternehmer. Dabei ist es egal, ob Sie ein digitaler Neuling sind, bisher eher weniger Berührungspunkte hatten, bereits mitschwimmen oder seit Anbeginn mit dabei sind. Wichtig ist es, *jetzt* zu starten. Denn die bisher gültigen Regeln und Erfolgswege verschwinden immer mehr, neue allgemeingültige Erfolgsrichtungen müssen erst wieder definiert werden. Wir befinden uns gerade in einer schwammigen Übergangszeit, in der keiner so wirklich weiß, was tatsächlich kommen wird.

Genau das macht es aus meiner Sicht so spannend. Wir dürfen gestalten und entscheiden, wie es für uns weitergeht, in allen Bereichen. Es geht um unsere Zukunft. Auch um unsere Zukunft als Unternehmer. Seien Sie offen, neugierig und probieren Sie die Dinge einfach mal aus.

Dieses Buch soll Ihnen als Leitplanke dienen, um sich sicherer durch den digitalen Dschungel zu bewegen. Dabei brauchen Sie kein Vorwissen in den digitalen Themen. Sie bekommen einen kompletten Guide. Dieser beinhaltet einen Überblick über die aktuellen Herausforderungen und Entwicklungen, denen wir als Unternehmer gerade gegenüberstehen, die Bedeutung der digitalen Transformation und die digitalen Möglichkeiten, die sich bieten. Des Weiteren zählen dazu digitale Ansatzpunkte, die Sie in Ihrem Business auf jeden Fall wagen können. Beispiele zur konkreten Umsetzung ergänzen den Gesamtüberblick. Dazu bekommen Sie einen Leitfaden, wie Sie die Veränderungen mit Ihrem Team gemeinsam angehen können.

Die Wege sind da und warten darauf, beschritten zu werden. Gehen wir es an. Gemeinsam.

München, Deutschland   Nadja Forster

Inhaltsverzeichnis

Über die Autorin

Nadja Forster, zweifache und leidenschaftliche Unternehmerin, gründete 2009 ihre Unternehmensberatung, anfänglich mit den Schwerpunkten HR- und Führungsthemen. Nach langjähriger Zusammenarbeit mit Unternehmensvertretern, der digitalen Transformation und den Herausforderungen, die sich zumeist für die nachfolgende Unternehmergeneration ergaben, verhilft sie seit 2016 ihren Kunden zusätzlich zu gelungenen Unternehmensnachfolgen.

Die kleinen und mittelständischen Unternehmen und deren Erhalt liegen ihr sehr am Herzen, deshalb möchte sie nicht nur mit dem Buch *Digital Hidden Champions*, sondern auch mit ihrem Onlinekongress „Zukunftsorientiertes Unternehmertum", der erstmalig im März 2019 stattfand, den KMUs helfen, die Lücke zur digitalen Transformation zu schließen. Ihr klares Votum: „Zukunft geht nicht ohne digitale Tools und Prozesse und es gibt für jedes Unternehmen die passenden Möglichkeiten sowohl als Produkt als auch für die Nutzung im eigenen Unternehmen. Zudem macht es richtig Spaß."

Dabei geht sie mit eigenem Vorbild voran: Sie selbst nutzt in ihrem Unternehmen digitale Tools, um sich und ihrem Team Unternehmensprozesse zu erleichtern, sowie digitale Angebote für ihre Kunden und in ihrem zweiten Unternehmen entwickelt sie digitale Tools für Personalprozesse.

Mehr über Nadja Forster erfahren Sie unter www.kmu.world, www.zukunftsunternehmertum.de und www.valsys.de.

1

Alles im Wandel

Ich weiß nicht, wie es Ihnen geht, aber ich habe jeden Tag gefühlt hundert Baustellen, an denen ich gleichzeitig arbeiten könnte. Von spannenden Aufgaben bis hin zur gefühlten Überforderung warten jeden Tag immer neue Überraschungen auf mich. Kennen Sie das auch aus Ihrem Unternehmer-Alltag?

Ganz oben steht für mich die Digitalisierung, bei zwei eigenen Unternehmen gleich eine doppelte Herausforderung, wobei der Fokus immer darauf liegt, alles so flexibel und damit auch digital wie möglich zu gestalten. Da wir in unserer Beratungsfirma selten an einem Standort zusammenarbeiten, sind die digitalen Technologien und auch cloud-basierte Softwarelösungen im Kunden-, Marketing- oder Projektmanagement schon seit Langem ein täglicher Begleiter. Im zweiten Unternehmen (HR-Softwareunternehmen) haben wir von Anfang an an automatisierten Prozessen gearbeitet, für unsere Kunden, aber auch für uns intern.

Die Herausforderungen und Entwicklungen passieren gerade in allen Lebensbereichen und es gibt vieles, mit dem man sich beschäftigen sollte. Rein unternehmerisch gesehen bedeutet das: sich um neue Geschäftsmodelle kümmern, das Ausprobieren von und Entscheiden über neue digitale Produkte, die im Unternehmen oder für die

© Springer Fachmedien Wiesbaden GmbH, ein Teil von Springer Nature 2019
N. Forster, *Hidden Digital Champions*, Fit for Future,
https://doi.org/10.1007/978-3-658-26724-7_1

eigenen Produkte getestet werden könnten. Eine neue Social-Media-Kampagne, die nur darauf wartet, endlich gestartet zu werden. Der Wunsch nach neuen Arbeitsmodellen, was wiederum zu Prozessanpassungen und Organisationsänderungen führt. Unterstützung, die im Unternehmen aktuell vielleicht fehlt, weil es aufgrund des Fachkräftemangels länger dauert, die offene Stelle zu besetzen. Mitarbeiter, die für die neuen digitalen Tools begeistert und mitgenommen werden wollen. Und was sich die Mitarbeiter sonst noch alles wünschen. Für KMUs oft nur schwer leistbar.

Dann wieder politische Entscheidungen, die sich auf die Organisation auswirken und durch die es Anpassungen bedarf. Dadurch fehlen die Kapazitäten wiederum an anderer Stelle.

Und die Kunden erwarten dazu immer individuellere Lösungen.

Datenschutz, Hackerangriffe und damit neue Herausforderungen an allen Ecken und Enden. Alle zur gleichen Zeit.

Jetzt werden mit Sicherheit einige behaupten, diese Herausforderungen gab es schon immer. Aber war es schon immer so geballt und alles auf einmal?

Unsere Welt ist VUCA geworden
Immer wieder hört man, die Welt sei VUCA geworden. Aber was bedeutet VUCA [1] im Einzelnen?

* **V: Volatil** (Volatility) – die Welt ist sehr schwankend und unstetig.
* **U: Ungewiss** (Uncertainty) – die Wirtschaftswelt ist nicht mehr berechenbar. Firmen und ganze Branchen werden überrumpelt. Fehlende Anker und Erfolgsmuster sorgen für Ungewissheit.
* **C: Komplex** (Complexity) – mehr Vernetzung, eine höhere Dynamik und Mehrfachoptionen erzeugen eine erhöhte Komplexität in unserer Arbeit und unserem Leben.

* **A: Mehrdeutig** (Ambiguity) – es gibt nicht mehr nur ein gültiges Erfolgsrezept für unser Denken und Handeln. Die Realität ist vielfältig.

Laut VUCA-Expertin Melanie Vogel [2] befinden wir uns in einem Zeitalter, in dem sich die Welt technisch radikalisiert, potenziert und sich sozusagen selbst überholt. Alles wird komplexer, Märkte verändern sich und ganze Branchen werden durch neue Geschäftsmodelle komplett aus den Fugen geworfen. Wir sind gezwungen, unternehmerisch alles zu hinterfragen und unsere Unternehmensstrategie neu zu denken, wenn wir als Unternehmer langfristig erfolgreich bleiben wollen.

Dabei gibt es viele Entwicklungen und Herausforderungen, die durch den Wandel gerade gleichzeitig passieren. Schauen wir uns doch einige dieser Entwicklungen an. Die einzelnen Themen werden Ihnen bekannt sein, in diesem Buch jedoch soll es mehr darum gehen aufzuzeigen, wie sich diese Entwicklungen aktuell gegenseitig beeinflussen und welche Auswirkungen sie auf das Unternehmerleben und die Unternehmensentscheidungen haben.

Melanie Vogel hat dafür ein schönes Bild entworfen und unsere Wirtschaft mit einem Uhrwerk verglichen [3]: mit lauter kleinen Zahnrädern (unsere Unternehmen), die ineinandergreifen. Die Transformation, die aktuellen Entwicklungen und Herausforderungen haben weitere Zahnräder kreiert, die wir nun neu zusammenfügen müssen, sodass das Uhrwerk wieder reibungslos läuft. Für viele ist gefühlt gerade viel Sand im Getriebe, den wir entfernen müssen. Dabei geht es allerdings nicht darum, den alten Zustand wiederherzustellen, denn das funktioniert nicht mehr, sondern die neuen Räder einzufügen, nicht mehr notwendige Räder zu entfernen und das Uhrwerk auf eine zeitgemäße Basis zu bringen.

Es gibt aktuell zahlreiche Herausforderungen und Entwicklungen, die gleichzeitig wirken. Eine große Entwicklung ist die digitale Transformation mit Schlagwörtern wie Industrie 4.0, Digitalisierung, IoT (Internet of Things), Vernetzung und vielem mehr. Das alleine wäre schon Aufgabe genug, was jedoch noch dazukommt, sind die neuen Geschäftsmodelle, die sich auch auf der Grundlage der digitalen Transformation entwickeln. Ebenso verschieben sich ganze Märkte und Branchen.

Als weitere Herausforderung sind ironischerweise zu volle Auftragsbücher zu nennen und sogar Aufträge, die abgelehnt werden müssen bzw. bei denen es bezogen auf die fehlenden Mitarbeiterkapazitäten gar nicht denkbar ist, sie anzunehmen. Dazu ist oft nicht absehbar, wann und ob überhaupt neue Mitarbeiter ins Unternehmen kommen. Bei den bestehenden Mitarbeitern stellt sich zudem die Situation so dar, dass sie keine Zeit haben, sie in die neuen digitalen Tools einzuarbeiten, damit die Prozesse effektiver laufen können. Neue gesetzliche Vorgaben und auch politische Entscheidungen wirken zusätzlich auf die zu geringen Mitarbeiterkapazitäten in den Unternehmen.

Alles in allem wird uns aktuell und auch in den kommenden Jahren als Unternehmer definitiv nicht langweilig. Werfen wir einen genaueren Blick auf die einzelnen Punkte.

1.1 Entwicklung: Digitale Transformation

Überall sprießen die digitalen Produkte aus dem Boden: neue Softwareprodukte, Apps und Plattformen, die zu neuen Marktplätzen werden. Bestellvorgänge, die sich mehr und mehr ins Internet verlagern, auch im B2B-Bereich, weil so alles schneller geht. Dabei ist es egal, ob die Produkte über einen eigenen Onlineshop oder über Drittanbieter angeboten werden. Die Kunden wünschen sich mehr Transparenz und ein höheres Tempo in den gesamten Geschäftsprozessen. Am besten sollen ihre Produkte nach der Bestellung bereits am nächsten Tag geliefert werden. Die Digitalisierung macht es möglich, also steigen auch die Erwartungen. Die Produkte können mittlerweile miteinander vernetzt werden und somit untereinander kommunizieren, Abläufe und Prozessschritte werden komplett digital aufeinander abgestimmt und auch automatisiert (werden).

Beispiele dazu gibt es in allen Bereichen:

* komplett digitalisierte Logistikprozesse, die es dem Kunden ermöglichen, die einzelnen Prozessschritte des bestellten Pakets von der Bestellung bis zur Lieferung mitzuverfolgen und sogar während des Prozessablaufs noch Änderungswünsche einzubringen,
* intelligente Lösungen bei Werkzeugen und Betriebseinrichtungen, die Nachbestellungen automatisiert auslösen, wenn das Material zur Neige geht, oder dabei helfen, den Verschleiß zu reduzieren,
* CRM-Systeme (Customer Relationship Management), mit denen man die Kunden besser verwalten kann, sodass jeder Bearbeiter über jeden Kunden zu jedem Zeitpunkt informiert ist und die Kenntnisse nicht nur in einzelnen Köpfen vorhanden sind,
* Abrechnungsprogramme, die vom Kundenauftrag bis zum Zahlungseingang, inklusive Mahnwesen und direkter Verbindung zum Steuerberater oder auch zum Finanzamt selbst, alles abdecken und damit viel Zeit einsparen, weil die einzelnen Dokumente auf Knopfdruck erstellt werden und gleichzeitig im System in allen weiteren Prozessschritten bereitstehen.

Jahrzehnte waren wir davon geprägt, dass Wissen Macht bedeutet. Das führte dazu, dass Wissen bei den einzelnen Personen gehortet und nur dann weitergegeben wurde, wenn es für die jeweilige Person einen Vorteil brachte. Dazu kommt, dass, vor allem bei kleinen Unternehmen, die (Kunden-)Informationen meist beim Chef zusammengelaufen sind oder er der einzige Ansprechpartner für die Kunden war. Da der Chef immer da war und er sich alles merken konnte, brauchte er sich auch nichts notieren. Das hat auch sehr lange gut funktioniert. In der heutigen digitalen Zeit sind Informationen bzw. Daten jedoch sehr wichtig und das A und O, damit die Softwarelösungen und cloud-basierten Programme, die ein zielgerichtetes Marketing unterstützen oder auch eine optimale Kundenbetreuung gewährleisten, gute Arbeit verrichten können. Das Wissen muss somit transparent im Unternehmen zur Verfügung stehen.

Die digitale Transformation selbst ist schon lange kein Hype mehr, der irgendwann wieder verschwindet. Sie hat schon jetzt Einfluss und Einzug in alle Lebensbereiche genommen. In jedem Haushalt gibt es einen oder mehrere PCs, Laptops, Tablets und Handys. Die Autos strotzen vor Elektronik mit mehr und mehr selbst steuernden Komponenten. Die Kommunikation findet fast mehr über Chats statt als persönlich. Wir lesen Bücher über E-Book-Reader, wir steuern Häuser über eigene Smarthome-Apps, nutzen digitale Tickets für öffentliche Verkehrsmittel und das Parken in Städten und zahlen mittlerweile per App auf unserem Handy.

Vorreiter wie Amazon mit Alexa für ein vernetztes Wohnen oder auch mit Amazon fresh, dem Supermarkt im Internet, sodass man zum Einkaufen nicht mehr vor die Tür gehen muss und sich jede Menge Zeit und Nerven sparen kann, gehen mit sehr mutigen Schritten voran und zeigen uns, was grundsätzlich möglich ist.

Das bedeutet nicht, dass jetzt jeder sofort alles digitalisieren und automatisieren muss, denn nicht immer ergibt das auch Sinn. Wichtig ist, die digitalen Möglichkeiten im Unternehmen zu berücksichtigen, sich damit, auch für das eigene Unternehmen, auseinanderzusetzen und erste oder nächste Schritte zu gehen. Wir werden diese digitale Unterstützung brauchen, um als Unternehmer langfristig am Markt bestehen zu können. Zu den einzelnen Gründen dafür kommen wir später im Detail. Erst möchte ich noch mehr auf die aktuellen technischen Möglichkeiten eingehen sowie Nutzungsmöglichkeiten und auch die bereits genannten Herausforderungen aufzeigen.

Viele Geschäftsmodelle ändern sich, aktuell in jeder Branche. Für viele immer noch neue Technologien wie der 3-D-Druck, die Technologie der Blockchain, VR (Virtual Reality) oder auch AI (künstliche Intelligenz) usw. werden die unternehmerischen Möglichkeiten gewaltig auf den Kopf stellen. Wenn man sich die Beispiele wie Uber, Airbnb, Tesla etc. dazu ansieht, erkennt man, dass keine Branche und keine bisherige Produkterstellung und Dienstleistung vor einer Änderung sicher sind. Aktuelle Beispiele aus dem 3-D-Druck sind Werkzeuge, Möbel, Spielzeug, Dekorationen, Modelle, Schmuckstücke, medizinische Produkte, wie Stützkonstruktionen und Prothesen, Ersatzteile, Essen, Schuhe, Motorräder, Autoteile, maßgeschneiderte Brillen, menschliche Haut und sogar ganze Häuser [4, 5]. Und das ist nur ein Auszug der aktuellen Möglichkeiten. Umso mehr sich die Technologie verbessert, desto umfangreichere Einsatzmöglichkeiten wird es in Zukunft geben.

Bei den Häusern beispielsweise reduzieren sich die Anschaffungspreise für die Kunden um ein Vielfaches. Für ein paar Tausend Euro gibt es schon ein einfaches Einfamilienhaus, große Häuser und Villen für einen kleinen sechsstelligen Eurobetrag. Konsequenz für die aktuell Beteiligten um das Bauen: Die Bauwirtschaft, die Zulieferer, die Bausparbanken wie auch die Versicherungen dürfen gewaltig über ihre Geschäftsmodelle nachdenken, denn diese Entwicklung wirft alles um. Dann braucht es keine 20 bis 30 Jahre mehr, bis ein Baukredit bzw. das Haus abbezahlt wird. Vielleicht wird auch die Komponente Haus mehr und mehr zu einem Wegwerfprodukt, da es ja günstig ist, sich ein neues Zuhause zu gönnen.

Das hat nicht nur Auswirkungen auf die umliegenden Anbieter und Dienstleistungen, sondern natürlich auch auf unsere Umwelt und unser Wertesystem. Wie heimisch ist dann langfristig gesehen noch ein Zuhause? Was bedeutet es dann, sich zu Hause zu fühlen?

Die Entwicklungen sind da. Wichtig für uns Unternehmer, und vor allem für die KMUs, ist die Frage, welche Auswirkungen die Technologien auf das eigene unternehmerische Umfeld und die Branche haben. Denn die Wettbewerber sind nicht mehr alleine die direkte Konkurrenz mit gleichem oder ähnlichem Angebot. Aufgrund der digitalen Entwicklungen verschieben sich die Märkte insgesamt – in jeder Branche (Abb. 1.1).

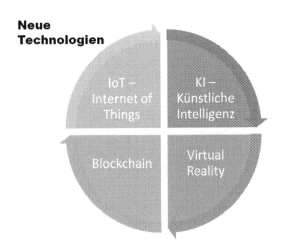

Abb. 1.1 Neue Technologien

1.1.1 AI/VR/Blockchain

Gehen wir nun mehr ins Detail und werfen einen genauen Blick auf die einzelnen technologischen Entwicklungen. Die Bereiche AI, VR und Blockchain sind für viele noch ein Buch mit sieben Siegeln.

AI (Artificial Intelligence) oder auch KI (künstliche Intelligenz) ist, laut dem Digital-Engineering-Magazin, ein Bereich der Informatik, der sich damit beschäftigt, Funktionen zu automatisieren, die intelligentes Verhalten menschlicher Herkunft imitieren und dabei etwas eigenständig hinzulernen. Das Prinzip dahinter ist die Fähigkeit des künstlichen Systems, aus Beispielen Erfasstes zu Mustern zu verallgemeinern [6].

Deshalb sind das Datensammeln und die interne Verarbeitung dieser Daten, was auch als „Big Data" bekannt ist, für viele Firmen so wichtig, weil daraus neue Systeme, Produkte und Angebote geschaffen werden können. Die Technik hilft dabei.

Das ist nicht nur für große Firmen interessant. Auch die KMUs haben (viele) Informationen, die sie in Systemen verarbeiten können, um damit ihr Angebot noch kundenindividueller und auch automatisierter anbieten zu können.

Künstliche Intelligenz

Das belegt auch die Studie „Künstliche Intelligenz im Mittelstand", in der sogar 77 % der Fachexperten sagen, dass sie die KI für keinen Hype mehr halten, sondern für bedeutend für die Zukunft des Mittelstands [7]. Ein Zitat aus der Studie fasst das so zusammen: „Wer Weltmarktführer bleiben will, braucht Künstliche Intelligenz" (Harald Christ – deutscher Unternehmer).

Laut der Studie sollen durch den Einsatz von KI Wachstumsschübe entstehen, die sogar höher sind als seinerzeit

bei der Dampfmaschine. Insgesamt wird ein Wachstums-
effekt von rund 50 Mrd. Euro jährlich prognostiziert.

KI kann dabei aktiv wie auch passiv genutzt werden. Die
aktive KI wird direkt in die eigenen Produkte und Angebote
eingebunden. Mit der passiven KI können Angebote von
Drittanbietern, sogenannte SAAS-Lösungen (Software as a
Service), genutzt werden. Beides wird für die Unternehmen
relevant, da sich die Unternehmenslandschaft in den nächsten
Jahren und Jahrzehnten in Deutschland nochmal um einiges
verändern wird (siehe Kap. 2) und die Unternehmen auch viel
mehr in Unternehmensverbünden kooperieren und agieren
müssen, um dem Wettbewerb und den Anforderungen stand-
zuhalten, denn viele KMUs haben sich Marktnischen gesucht
und sind darin Weltmarktführer auf ihrem Gebiet [8]. Wird
das mit der Entwicklung der neuen Technologien auch so bleiben oder werden sie von technologisch getriebenen Start-ups
und anderen innovativen Unternehmen mit neuen Ideen
durchgeschüttelt?

Dabei wird sich nicht jedes Unternehmen alles selbst
leisten müssen oder auch können. Manches wird investiti-
onstechnisch nur im Verbund Sinn ergeben: Kooperatio-
nen als Möglichkeiten, die jedoch genutzt werden sollten,
um mithalten zu können. Die großen Unternehmen nutzen diese Option, wieso nicht viel mehr KMUs?

Voraussetzung dafür ist die Nutzung von Cloud-
Systemen und die Entwicklung von Vertrauen dazu, damit
alle Beteiligten auf die gleichen Systeme und Daten zugreifen können. Dazu muss nicht mehr alles nur im eigenen
Netzwerk verarbeitet werden. Dienstleister von Rechenzen-
tren sind zumeist auch viel sicherer vor Hackerangriffen ge-
schützt als die einzelnen Betriebe, da dort die Zeit und das
Know-how in der Tiefe oft fehlen. Beispielsweise durch den
Einsatz von Edge Computing wird die Sicherheit der Da-
tenverarbeitung zusätzlich noch erhöht, da die Daten direkt
verarbeitet werden und nicht mehr über das Rechenzentrum übertragen werden müssen [9].

Laut der Forsa-Befragung „Cyberrisiken im Mittelstand" [10] wurden 30 % der KMUs bereits bei einem Cyberangriff geschädigt, 11 % sogar mehrfach. Bei 43 % der Unternehmen kam es sogar zu einem längeren Stillstand im Betrieb. Am häufigsten werden Cyberattacken per E-Mail eingeleitet. Die Cyberangriffe sind nicht zu unterschätzen und der Mittelstand ist ein beliebtes Ziel, weil sich KMUs, vor allem Gründer, auch speziell mit den neuen Technologien auseinandersetzen.

Einsatzmöglichkeiten für die KI
Es gibt viele Möglichkeiten, KI im Mittelstand zu nutzen. Die vorher bereits genannte Studie „Künstliche Intelligenz im Mittelstand" hat herausgefunden, dass sehr große bis große Chancen vor allem in der Effizienzsteigerung der Prozesse liegen. Das sagt auch der Digitalisierungsberater Christian Reich [11] in seinem Interview im Onlinekongress „Zukunftsorientiertes Unternehmertum" (März 2019). Laut Christian Reich können wir die Effizienz mit dem Einsatz von Technologien, vor allem in der Büroarbeit, um bis zu 70 % steigern.

Weitere Einsatzmöglichkeiten für die KI sehen die Macher der Studie in der Optimierung der Distribution und Logistik, in einer individuelleren und damit noch zielgerichteteren Ansprache von Kunden in der Werbung wie auch in der Kommunikation selbst, was zu einem verbesserten Kundenerlebnis führt. Sie kann genauso bei der Entwicklung neuer Geschäftsfelder und -modelle unterstützen wie in der Entwicklung neuer und innovativer Produkte. Des Weiteren liegen große Chancen in der Verbesserung der Arbeitsqualität.

Facebook, Google etc. machen es uns seit Jahren vor. Es wird Zeit, diese Technologien auch in KMUs zu nutzen. Individuellere Ansprache ist grundsätzlich ein Must-have für Unternehmen, nicht nur für externe Kunden, sondern auch für (zukünftige) Mitarbeiter. Mehr Hintergründe zu der Entwicklung erfahren Sie in Abschn. 1.3.

Die relevantesten KI-Anwendungen für den Mittelstand sind dabei intelligente Automatisierungen, intelligente Sensorik und intelligente Assistenzsysteme, vorausschauende Wartungen, ein optimiertes Ressourcenmanagement sowie Wissensmanagement, Qualitätskontrolle, Robotik und Sprachassistenten/Chatbots.

Der Einsatz von Sensorik in der Produktion oder bei der Nutzung von Werkzeugen unterstützt beispielsweise die optimierte Verwendung der Betriebsmittel, damit die Abnutzung kostengünstiger möglich wird oder auch die Maschinen miteinander kommunizieren und damit die Prozesse automatisch gesteuert werden. Roboter sind mittlerweile auch schon in kleinen Größenordnungen und auch für KMUs zu erschwinglichen Preisen erhältlich, um Routinetätigkeiten mehr und mehr zu automatisieren [12].

Am meisten Sinn ergibt der Einsatz der KI im Logistikbereich, gefolgt von der Produktion, dem Einkauf, dem Service und Kundendienst, der IT und dem Marketing.

In der Lagerhaltung beispielsweise unterstützt KI dabei, die Waren entsprechend ihrer Notwendigkeit am richtigen Ort vorzuhalten, da das System erkennt, welche Ware in welcher Menge zu welchem Zeitpunkt am meisten gebraucht wird.

Virtual Reality/Augmented Reality/Mixed Reality
Virtual Reality ist eine computergenerierte Wirklichkeit mit Bild (3-D) und in vielen Fällen auch Ton [13].

Unter **Augmented Reality** versteht man die Überlagerung der realen Welt durch digital erstellte Inhalte [13].

Mixed Reality verbindet die reale Umgebung des Benutzers nahtlos mit digital erstellten Inhalten, wobei beide Umgebungen nebeneinander existieren und miteinander interagieren können [13].

Für alle drei dargestellten Technologien braucht es eine zusätzliche Hardware, meistens VR-Brillen (wie z. B. Oculus Rift, Destek V4 [14]).

Beispiele für den möglichen Einsatz der genannten Technologien:

* Schulungsumgebung und Produkttrainings für Kunden (intern/extern) und Mitarbeiter,
* Übertragung von (Kunden-)Veranstaltungen,
* Nutzung von VR in Verkaufsprozessen: erleichtert das Upselling,
* Produktvorstellungen, auch bevor die Produkte gebaut oder produziert sind,
* Sicherheitstrainings,
* Nachbildung von Arbeitsabläufen zur Produktivitätssteigerung,
* Kollisionsuntersuchung von Werkstücken,
* Erfassung der Bearbeitungs- und Verbrauchsdaten; damit sind ein besserer und einfacherer Einsatz der Betriebsmittel möglich sowie eine optimale Nutzung der Maschinen,
* Design von Räumlichkeiten (Büro, Werkstatt etc.; [15]).

Die virtuellen Welten in all ihren Ausführungen sind bereits mit der Standardsoftware von beispielsweise Unity-Software möglich, was hohe Kosten spart, nutzerfreundlicher und damit auch für KMUs interessant ist.

Blockchain

Blockchain (übersetzt „Blockkette") ist eine spezielle Art der Datenspeicherung. Informationen werden dabei nicht auf einem zentralen Rechner gespeichert, sondern in verteilten Netzwerken und damit auf mehreren Servern. Jeder davon verwaltet eine vollständige Kopie der Daten. Fällt ein

Rechner aus, bleibt die Gesamtheit der Information so immer noch auf allen anderen Rechnern erhalten [16].

Die Blockchain bezeichnet eine neuartige Technologie, durch welche es möglich wird, jegliche Art von Information in einer öffentlich einsehbaren Datenbank zu speichern, zu verarbeiten, zu teilen und zu verwalten. In einer kontinuierlichen Liste von Datensätzen (genannt Blocks) werden diese mittels der Kryptografie verkettet. Den Anfang einer jeglichen Blockchain macht der Schöpfungsblock oder besser der Genesis Block bekannt [17].

Blockchains gelten als sehr sicher, weil die Informationen eben nicht nur zentral verwaltet werden und immer ein direkter Bezug zwischen Sender und Empfänger besteht. Dadurch ist eine sichere Übertragung der Daten möglich.

Anwendungsbeispiele [18] sind:

* Marketing/Vertrieb: personalisierte One-to-one-Kommunikation und (intelligente) Vertragsabschlüsse; Verträge werden selbstständig erstellt und abgeschlossen,
* Verwaltung der Kundendaten,
* Supply Chain Management,
* Maschinen- und Anlagenüberwachung,
* zertifizierte Prozesse lassen sich über eine Blockchain abdecken, wenn alle Beteiligten der „Herstellkette" mit der Blockchain arbeiten; dadurch bräuchte es keine Zertifikate oder Zertifizierungen mehr, weil die einzelnen Prozessschritte transparent sind,
* Chatdienste,
* Datenspeicher.

Viele Dienstleistungen würden damit entfallen, weil die Kommunikation und der Austausch direkt zwischen den Parteien (Peer-to-Peer) stattfinden.

1.1.2 IoT – Internet of Things

Mit dem Internet der Dinge, IoT [19, 20] genannt, ist gemeint, dass Geräte miteinander kommunizieren können, was auch als Maschine-zu-Maschine-Kommunikation (M2M) bekannt ist. Der Begriff von IoT wurde erstmalig von Kevin Ashton, einem technologischen Pionier verwendet (1999). Jedes Gerät oder Ding hat dabei seine eigene Identität, die über das Internet angesprochen wird und mit angeschlossenen Informationssystemen interagieren kann. Die Geräte selbst sind dabei mit Prozessoren und Sensoren ausgestattet und im IP-Netz miteinander verbunden.

Dabei können sie selbstständig agieren und auf bestimmte Situationen reagieren. Mithilfe des IoT soll die Grenze zwischen der realen und virtuellen Welt mehr und mehr verwischen.

Beispiele für IoT-Anwendungen sind:

Für den Hausgebrauch sind Smarthome, digitale Kühlschränke oder vernetzte Waschmaschinen interessante Produkte. Beim Smarthome steuert man die elektronischen und mit dem Internet verbundenen Geräte, wie Fenster, die Jalousien, Radio, Fernseher etc., mithilfe einer App oder über die Sprachsteuerung, wenn man selbst zu Hause ist. Befehle dafür sind z. B. „Fenster auf/zu", „Jalousien auf/zu". Das ist ideal, wenn man vergessen hat ein Fenster zu schließen oder Schäden wegen Hagels drohen und man auch von unterwegs aus die Jalousien schließen kann. Weitere Möglichkeiten bietet der vernetzte Kühlschrank, der erkennt, dass Standardprodukte wie Milch oder Eier zur Neige gehen oder bereits aufgebraucht sind. Über den verbundenen digitalen Supermarkt kann er diese Produkte automatisch nachbestellen. Die Produkte werden dann zum vorab hinterlegten Zeitpunkt nach Hause geliefert, teilweise bis 24 Uhr – ideal, wenn man lange Arbeitszeiten hat und somit nicht zum Einkaufen kommt.

Weitere Beispiele, die bereits sehr verbreitet sind: Head-up-Displays, Just-in-Time-Lieferungen, Warenwirtschaftssysteme sowie Überwachungstechnologie für Transporte, die in allen denkbaren Branchen und Unternehmensbereichen ihre Anwendung finden, wie in der Produktion, Logistik, dem Gesundheitswesen, in Haushaltsgeräten und der Unterhaltungselektronik ebenso in der Gebäudeautomation, der Industrie und vielen mehr.

Wir nutzen IoT bereits tagtäglich in unserem Leben, was sich in Zukunft noch verstärken wird.

Bevor Sie nun blindlings loslaufen und sich weiter mit den vorgestellten Technologien auseinandersetzen, geben Sie mir noch ein wenig Zeit, um Ihnen alle Zusammenhänge aufzuzeigen, damit Sie schlussendlich auch zielgerichtet agieren.

1.2 Digitalisierungsgrad in Deutschland

Bei all den Möglichkeiten stellt sich die Frage: Wie gut sind die deutschen Unternehmen aufgestellt? Wie sieht es mit der Digitalisierung im deutschen Mittelstand überhaupt aktuell aus? Welche Technologien werden bereits eingesetzt oder sind bereits in der künftigen Geschäftsstrategie geplant?

Besonders in der aktuellen Zeit ist es umso wichtiger, voneinander zu lernen und uns gegenseitig weiterzuentwickeln. Ein paar Vorreiter gibt es dazu bereits, was die Ergebnisse der folgenden beiden Studien zeigen: zum einen der Monitoring Report Wirtschaft Digital 2018 [21] und der Digitalisierungsindex Mittelstand 2018 [22]. Dabei zeigt sich, dass knapp jedes zweite Unternehmen (45 %) die Digitalisierung in seiner Geschäftsstrategie als festen Bestandteil hat. Insgesamt liegt der Digitalisierungsindex bei 54 %. Über 25 % der Unternehmen sind immer noch digitale Nachzügler oder stecken in ihren digitalen Anfängen.

In der IKT-Branche (Informations- und Kommunikationstechnik) zweifelt keiner mehr an der Wichtigkeit der Digitalisierung für den künftigen Unternehmenserfolg. Aber auch die wissensintensiven Dienstleistungen und die Finanz- und Versicherungsbranche wissen um die strategische Bedeutung der Digitalisierung. Ähnliches gilt für den Handel, den Maschinenbau, die Chemiebranche und das sonstige verarbeitende Gewerbe.

Interessanterweise sieht die Gesundheitsbranche das anders. Die geht nur zu einem sehr geringen Anteil davon aus, dass die Digitalisierung für ihren Bereich eine große Rolle spielt. Hier sehe ich allerdings sehr große Potenziale, vor allem auch im Rahmen der Gesundheitsprävention.

Die Vorreiter bei den digitalisierten Branchen sind, wie nicht anders zu erwarten, die IKT, gefolgt von den wissensintensiven Dienstleistungen und den Finanz- und Versicherungsdienstleistungen.

Diejenigen, die bereits stark in die Digitalisierung investiert haben, sehen die Entwicklung der Unternehmenskennzahlen (KPIs) jetzt schon als lohnend an und sind zufriedener als die Unternehmer, die noch zögerlich auf die neuen Technologien reagieren. Die Zufriedenheit zieht sich dabei durch alle Unternehmenszahlen (wie Absatz, Umsatz, Neukundengewinnung, Dauer der Auftragsabwicklung, Reaktionsgeschwindigkeit auf Kundenanfragen) und wirkt sich auch bei der Produkt- und Servicequalität und der Anzahl neuer Ideen und Innovationen positiv aus.

Dabei liegen für die Digital Leaders die häufigsten Anwendungsgebiete und Erfolge der Digitalisierung in folgenden Bereichen:

* 43 % Nutzung der Cloud,
* 69 % Verbesserung der Kundenkommunikation durch Digitalisierung,
* 46 % Erschließung neuer Märkte oder Kundengruppen,
* 44 % Kostensenkung durch die Digitalisierung interner Prozesse, Arbeitsabläufe und Ressourcen,
* 53 % Aufbau von erfolgsrelevantem Wissen im Unternehmen,
* 52 % Verbesserung der Qualität von Produkten oder Angeboten,
* 47 % Steigerung der Innovationsfähigkeit durch digitale Prozesse und Anwendungen,
* 37 % Aufbau von Wettbewerbsvorteilen durch digitale Angebote für Kunden (z. B. Individualisierung von Produkten und Services),
* 34 % Entwicklung neuer digitaler Dienste, die das bestehende Leistungsangebot ergänzen,
* 24 % Entwicklung gänzlich neuer Produkte oder Dienstleistungen,
* 22 % Entwicklung gänzlich neuer Geschäftsmodelle.
* Bei 38 % der Unternehmen übersteigt der Nutzen der Digitalisierung bereits die Kosten.

Die möglichen Technologien dazu sind, wie bereits dargestellt, 3-D-Druck, KI, Big Data, IoT (Internet der Dinge), Blockchain, Virtual/Augmented/Mixed Reality.

Laut der Studienergebnisse planen 30 % der Unternehmen, in den nächsten Jahren künstliche Intelligenz einzusetzen. Das bedeutet für Sie nicht, dass Sie sofort alles auf einmal umsetzen müssen. Wichtig ist, dass Sie anfangen, sich damit auseinanderzusetzen, und dass das Thema der neuen Technologien zur Chefsache wird. Denn die Zukunft wird sich weiter in diese Richtung entwickeln (siehe Abschn. 2.2).

1.3 Weitere Herausforderungen und Entwicklungen

Neben den neuen Technologien gibt es, wie bereits angesprochen, noch weitere Herausforderungen und Entwicklungen, die unser Unternehmertum aktuell beeinflussen. Auch ihnen sollten wir Aufmerksamkeit schenken, denn sie wirken sich zusätzlich in großem Maße auf unsere Unternehmensentscheidungen aus.

1.3.1 Neue Geschäftsmodelle

Durch die neuen Technologien und Möglichkeiten entwickeln sich ständig neue Geschäftsmodelle – Modelle, die ganze Branchen auf den Kopf stellen. Die bekanntesten Beispiele sind Airbnb, Uber, Tesla oder Onlinefinanzdienstleister, die die Finanzwelt durcheinanderbringen. Für uns Unternehmer bedeutet das, dass wir komplett neu denken müssen. Die Entwicklungen spielen sich nicht mehr nur innerhalb der einzelnen Branchen ab. Das Wissen, dass dank des Internets so gut wie jedem zur Verfügung steht, bleibt nicht mehr in den einzelnen Fachgebieten begrenzt, sondern wird mehr und mehr vernetzt. Dadurch entwickeln sich ganz neue Denkansätze, die sich auch in neuen Geschäftsmodellen widerspiegeln. Der zusätzliche Einsatz von Technologien vereinfacht dies noch.

Beispiele für solche Geschäftsmodelle [24] sind:

* **Add-on-Verkäufe:** Das Basisprodukt selbst ist entweder kostenlos oder sehr kostengünstig, verdient wird mit den Extras. Sehr beliebt mittlerweile in der Gamingindustrie oder auch bei Apps. Der Fokus dabei liegt auf dem Upselling.

* **Abomodelle/Flatrate:** Es gibt keinen Produktpreis mehr, sondern der Kunde bezahlt für die Zeitdauer der Nutzung einen bestimmten Preis. Dabei gibt es keine versteckten Kosten.
* **Fractionalized Ownership:** Hier hat ein Unternehmen das Eigentum an einer Ware, meistens eher teurere Produkte. Über eine Mitgliedschaft können auch andere Nutzer die Produkte verwenden. Somit muss sich nicht jeder eine teure Anschaffung leisten und kann die Produkte über einen festgelegten Zeitraum trotzdem nutzen.
* **Freemium:** Basismodell ist kostenlos, Premiumversion kostet.
* **Guaranteed Availability:** Die Kunden bezahlen nicht nur das Produkt, sondern auch die gewährleistete Verfügbarkeit (z. B. Instandhaltung).
* **Hidden Revenue:** Nicht das Produkt selbst bringt die Einnahmen, sondern beispielsweise die Daten, die die Kunden im Unternehmen hinterlassen.
* **Lizenzierungen:** sind bisher bei Softwarenutzungen sehr verbreitet. Der Besitz der Software verbleibt bei dem Unternehmen, der Kunde kauft eine Lizenz, um das Produkt für einen bestimmten Zeitraum (oft ein Jahr) nutzen zu können.
* **Open-Business-Modell:** Synergien durch Partnerschaften. Wertschöpfende Lieferanten, Kunden oder andere Akteure helfen dabei, das eigene Unternehmen zu stärken.
* **Pay-per-Use:** nutzungsabhänge Vergütung.
* **Peer-to-Peer:** Ein Beispiel hierfür ist Airbnb. Dabei stellt das Unternehmen seinen Nutzern eine Plattform zur Verfügung. Die Nutzer der Plattform (Anbieter und Käufer) stellen einerseits ihr Angebot (z. B. Unterkunft) auf der Plattform ein und der Käufer kann andererseits das Angebot direkt dort bestellen oder wie im Fall von Airbnb buchen. Dabei zahlt der Anbieter bei erfolgreichem „Verkauf" eine geringe Provision an den Plattformanbieter.

Wichtig ist, im Zusammenhang mit den neuen Technologien für sich zu überlegen, welche Geschäftsmodelle im eigenen Unternehmen noch Sinn ergeben, die bisherigen Prozesse und Geschäftsaktivitäten zu hinterfragen und kritisch zu prüfen, ob das Unternehmen für die Zukunft noch gut aufgestellt ist oder ob es Veränderung oder zusätzliche Standbeine braucht. Das klappt gut mit einem Tag Brainstorming und dem Sammeln der Fakten und Ideen auf einem großen Blatt Papier. Und doch empfehle ich Ihnen, dieses und das nächste Kapitel unbedingt noch vorher zu lesen, bevor Sie an die Umsetzung gehen. Die Informationen werden sich für Sie lohnen.

1.3.2 Herausforderung: Demografischer Wandel und Fachkräftemangel

Diese weitere Herausforderung ist ein Fakt, den keiner so richtig ernst zu nehmen scheint. Doch genau jetzt trifft uns der demografische Wandel mit voller Wucht, denn wir sind am Scheidepunkt angelangt. Ab 2020 kommt die Generation der Babyboomer in das rentenfähige Alter, was bedeutet, dass die Anzahl der altersbedingten Austritte in den Unternehmen in den nächsten Jahren sprunghaft ansteigen wird. Vor allem zwischen 2023 und 2027 werden die geburtenstärksten Jahrgänge der Babyboomergeneration in Rente gehen. Gleichzeitig sehen wir uns einer sinkenden Anzahl an Nachwuchskräften gegenüber – ein Thema, das bereits seit Jahrzehnten auf dem Tisch liegt, ohne dass wirklich Maßnahmen vorab getroffen worden sind. Jetzt ist es da und die Unternehmen beklagen sich bereits seit Jahren, dass es extrem schwierig ist, neue Mitarbeiter zu finden.

Weitere Ereignisse [25] erschweren diese Entwicklung zusätzlich: Einige DAX-Konzerne bieten ihren Mitarbeitern die Möglichkeit der Frührente mit geringem Abschlag an, teilweise ab dem fünfzigsten Lebensjahr, was die Mitarbeiter natürlich nutzen. Damit fallen zusätzlich Fachkräfte aus dem Arbeitssystem, die noch mindestens 15, eher 17 Jahre ihre Arbeitsleistung erbringen könnten.

Wer sich nicht um eine langfristige und ausgeglichene Personalplanung gekümmert hat, wird es in den kommenden Jahren noch schwerer haben. Die Auftragsbücher sind voll, die Aufgaben werden immer komplexer, die Anforderungen und Wünsche der Kunden immer individueller.

Der gute Arbeitsmarkt und die geringen Arbeitslosenzahlen fordern die Unternehmen noch obendrein, um die benötigte Arbeitskraft zum gewünschten Zeitpunkt im Unternehmen einsetzen zu können.

Deshalb braucht es die Entwicklung der Technologien, um die Veränderung der künftigen Zahl der erwerbsfähigen Menschen sowie die bereits aktuell fehlenden Fachkompetenzen auszugleichen. Wir werden mit den neuen Technologien nie alles abfedern können, aber sie werden uns ein Stück weit helfen, die Prozesse effektiver und automatisierter zu gestalten und die Aufträge abzuwickeln – sofern auch die Fachkräfte da sind, die die Technologien beherrschen.

1.3.3 Generationenmix

Der demografische Wandel ist nicht das Einzige, was unsere Arbeitskräftelandschaft verändert bzw. beeinflusst. Als Unternehmer stehen Sie aktuell vor der Herausforderung, dass Sie mit bis zu vier Generationen im Unternehmen konfrontiert sind, die unterschiedlicher nicht sein könnten. Sie sind in unterschiedlichen Zeitaltern mit ganz verschiedenen politischen Situationen aufgewachsen: in einer Zeit der ersten positiven Entwicklungen nach dem Wiederaufbau und später dem Kalten Krieg bis zu einer Zeit, in der es innerhalb von Europa keine Grenzkontrollen mehr gibt, dafür mehr und mehr Unsicherheit durch die Kriege im Nahen Osten. Eine Generation, die sich in jungen Jahren oft nicht mal einen Fernseher leisten konnte, steht einer Generation gegenüber, die bereits im Kindesalter mit Handy, Tablet und jeglichen digitalen Komponenten aufgewachsen ist, auch bekannt als Digital Natives. Wir sprechen von einer Generation einerseits, die am liebsten persönlich und via Telefon kommuniziert, und einer Generation andererseits, die sich vermehrt per Chat unterhält.

Diese Unterschiede finden Sie nicht nur bei den Kunden, sondern auch bei den Mitarbeitern. Die individuelle Ansprache wird zum Muss, wenn Sie noch jemanden hinter dem Ofenrohr hervorlocken wollen. Denn die Unternehmen müssen sich dort aufhalten, wo sich auch die jeweilige Zielgruppe aufhält. Da die Zahl der erwerbsfähigen Menschen immer kleiner wird, werden damit auch die Mitarbeiter mehr und mehr zu Kunden, um die man sich kümmern muss.

Für KMUs ist es dabei von Vorteil, dass sie nicht in starren Mitarbeiterprogrammen feststecken, sondern individuell auf die Bedürfnisse und Interessen der Mitarbeiter eingehen können. So ist es viel leichter möglich, dass Mitarbeiter für einige Zeit weniger Stunden arbeiten, weil ein Familienmitglied zum Pflegefall geworden ist, oder sogar den Mitarbeitern Betriebsmittel gegen kleines Entgelt zur Verfügung zu stellen, um ein privates Vorhaben zu unterstützen.

1.3.4 Entwicklung: Wandel der Mitarbeiterbedürfnisse

Zusätzlich ist zu berücksichtigen, dass sich die Anforderungen und Bedürfnisse der Mitarbeiter verändert haben. Es geht nicht mehr wie in den letzten Jahrzehnten darum, die

Grundbedürfnisse zu sichern – dazu gehören unter anderem Essen, Trinken, ein Dach über dem Kopf sowie Jobsicherheit und ein angenehmes Miteinander. Der Arbeitsmarkt hat sich sukzessive von einem Arbeitgeber- in einen Arbeitnehmermarkt verändert und die Bewerber müssen nicht mehr nur froh sein, dass sie überhaupt eine Arbeit bekommen, sondern die Arbeitgeber dürfen mittlerweile um die Arbeitnehmer buhlen. Bei vielen läuft dies auch unter dem Phänomen des Fachkräftemangels, denn die Bewerber haben immer mehr Entscheidungsfreiheit für ihre berufliche Zukunft.

Dazu hat sich das Ausbildungsangebot, genauso wie die Jobvielfalt, um ein Vielfaches erweitert. Wo vor fünfzehn bis dreißig Jahren überspitzt gesagt noch eine Handvoll Ausbildungsberufe und Studiengänge zur Auswahl standen, sind es in der heutigen Zeit Dutzende Möglichkeiten und für diejenigen, die sich entscheiden müssen, wird die Wahl eher zur Qual. Im letzten Jahrzehnt hat die Zahl der Studierenden von knapp über 2 Mio. Studierende auf 2,8 Mio. Studierende zugenommen [26]. Dabei brechen rund ein Drittel der Studierenden ihr Studium wieder ab [27]. Für viele geht es bei der Jobwahl mittlerweile um die Befriedigung der Individualbedürfnisse, den Sinn des Lebens für sich selbst und auch in der Arbeit zu finden und damit einhergehend auch die eigene Selbstverwirklichung. Das merkt man einerseits an den immer mehr nebenberuflichen Unternehmensgründungen von Frauen (alleine 43,7 % im Jahr 2012; [28]), die noch mehr für sich selbst wollen. In meinen Beratungen höre ich immer wieder das gleiche Argument dafür: „In meiner Arbeitsstelle kann ich mich nicht vollends entfalten." Zusätzlich fordern die jüngeren Generationen, auch Generation Y oder Z genannt, mehr Recht auf Mitbestimmung, sich einzubringen und Teil des Ganzen zu sein, und das nicht erst, wenn sie in der Hierarchiestufe ganz nach oben aufgestiegen sind. Sie wollen von Anfang an auf Augenhöhe behandelt werden. Der Chefposten selbst ist dabei gar nicht wichtig, sondern gemeinsam an einem Ziel zu arbeiten. Die Grundbedürfnisse werden dabei zur Voraussetzung und Arbeitgeber, die das anders sehen, werden uninteressant.

Die Selbstverwirklichung kann man zudem auch auf den sozialen Plattformen wie Facebook, YouTube und Instagram beobachten. Streamer, Influencer, Trendsetter und noch viele andere Berufsrichtungen sind mögliche neue Karrieren.

Trotzdem gibt es noch eine Unterscheidung zwischen den Akademikern und Nichtakademikern [29], die vor allem für Arbeitgeber interessant sein dürfte.

Bei Nichtakademikern steht immer noch die Sicherung der Grundbedürfnisse, der Sicherheitsbedürfnisse und der sozialen Bedürfnisse im Vordergrund. Das bedeutet, dass die Jobs eine angemessene Bezahlung, ein gutes Betriebsklima und einen sicheren Arbeitsplatz mitbringen sollten. Bei den Akademikern sieht es ein Stück anders aus. Hier gelten die eben genannten Komponenten des Jobs als Grundvoraussetzung. Wenn die nicht stimmen, schauen sie sich das fragliche Unternehmen gar nicht weiter an. Weiterhin kommt dazu, dass die Akademiker Wert auf individuelle Entwicklungsmöglichkeiten legen. Sie suchen den Sinn in der Arbeit, wollen mitgestalten und auch Teil des großen Ganzen sein.

Das zeigt sich auch in den Anforderungen an die Führung und Unternehmenskultur. Während es bei den Nichtakademikern gerne klare Ansagen sein dürfen, geht es bei den Akademikern und bei den jüngeren Generationen darum, die Themen im Team zu erarbeiten, gemeinsame Entscheidungen zu treffen, digitale Schritte mitzugehen und nicht rein über die Hierarchie zu agieren. Hier sind mehr die Führungsstile der agilen Führung [30] oder des Digital-Leaderships [31] gefragt.

1.3.5 New Work

Insgesamt sollten auch die Entwicklungen des „New Work" berücksichtigt werden. Nicht jeder Job muss immer und jederzeit zu hundert Prozent im Betrieb ausgeführt werden. Homeoffice, Vertrauensarbeitszeit oder sogar Vertrauensarbeitsort können für einige Mitarbeiter interessant und auch sinnvoll sein. Auch die Umgebung am Arbeitsplatz muss nicht immer nur nach reiner Arbeit aussehen. Die Steigerung der Wohlfühlatmosphäre für Mitarbeiter lässt sich z. B. durch Rückzugsorte realisieren, an denen sie sich zwischendurch kurz entspannen können, Kommunikationsecken, um den Austausch im Unternehmen zu fördern, oder ganz individuelle Wünsche der Mitarbeiter (z. B. Kletterwände, um sich in der Pause kurz auszupowern und dabei Energie zu tanken). Das bringt nicht nur neuen Schwung in das Unternehmen, sondern erhöht auch das Leistungsvermögen der Mitarbeiter und unterstützt so ganz nebenbei die Bindung an das Unternehmen.

Die Mitarbeiter wollen nicht als reine Ressourcen gesehen werden, sondern als Individuen mit Leistungspotenzial, gepaart mit Wünschen und Interessen. Umso besser Sie die Bedürfnisse und Motivationen der einzelnen Mitarbeiter und Generationen verstehen und berücksichtigen, umso mehr zahlt es sich auch für Ihr Unternehmen aus.

1.3.6 Veränderung der Joblandschaft

Eine Entwicklung, die im Zusammenhang mit der Digitalisierung steht, möchte ich unbedingt noch erwähnen. Die Jobs werden sich ändern. Viele neue Berufsbilder werden entstehen, viele bisherige aber auch wegfallen. Das ist grundsätzlich keine neue Entwicklung, denn das hat es immer schon gegeben. Aufgrund der Transformation wird der Wechsel nur geballter auftreten. Jegliche routinierten Aufgabenbereiche werden früher oder später von Computern oder Robotern durchgeführt, sprich: automatisiert ausgeführt werden. Wir sehen den Wechsel bereits heute, beispielsweise bei McDonalds, das in vielen Restaurants bereits Bestellautomaten aufgestellt hat, an denen man auch bargeldlos zahlen kann, und die Mitarbeiter bereiten die bestellten Waren zu und geben sie aus. Dadurch werden die Bestellprozesse effizienter und Fehler durch kommunikative Missverständnisse in der Bestellaufnahme werden verringert. Ein anderes Beispiel sind die Kassen zur Selbstbedienung in Supermärkten (z. B. Spar) oder auch bei IKEA. Hier scannen und bezahlen die Kunden selbst ihre Waren an den entsprechenden Bezahlstationen. Das Unternehmen stellt zur Betreuung der Kassenautomaten einen Mitarbeiter bereit. Die Person deckt dabei mehrere Kassenautomaten ab, sodass langfristig im Kassenbereich immer weniger Personal arbeiten wird.

Berufe, die die Schwachstellen der Computer abdecken, werden bestehen bleiben [32]. Dazu zählen Aspekte wie Wahrnehmung und Bedienung (Finger, Hände, beschränkter Raum) sowie Kreativität und soziale Intelligenz (Menschen erkennen und verstehen, verhandeln, überzeugen, sich um andere kümmern). Zusätzlich wird es die Jobs geben, die dabei helfen, die Umgebung zu schaffen, damit andere kreativ sein können.

Mögliche betroffene Berufsbilder, die wegfallen, werden wahrscheinlich sein [33, 34]:

* Routinetätigkeiten im Büro, wie Buchhaltung,
* reine Programmiertätigkeiten (viele IT-Jobs),
* Anwälte und Steuerberater,
* Produktionsmitarbeiter,
* Berufe wie Küchen- und Reinigungskräfte, Kassierer, Paketzusteller, Journalisten, Lkw-Fahrer, Logistikmitarbeiter, Piloten etc.

Für die Unternehmen bedeutet das, dass sie sich mehr denn je mit der mittel- bis langfristigen Ausrichtung ihres Unternehmens befassen müssen. Dabei geht es aus diesem Blickwinkel um die Berufsbilder und Karrieremöglichkeiten ihrer Mitarbeiter. Welche Aufgaben werden bleiben, welche ändern sich aufgrund des Wegfalls von Fachwissen und Kompetenzen oder auch des Einsatzes von neuen Technologien? Wie werden sich mögliche neue Geschäftsfelder oder Businessmodelle auf die künftigen Jobs im Unternehmen auswirken? Die bestehenden Mitarbeiter müssen auf diese sich verändernde Reise mitgenommen werden. Das künftig benötigte Know-how kann nicht immer durch neue und jüngere Mitarbeiter neu abgedeckt werden. Aufgrund des demografischen Wandels stehen immer weniger nachkommende Mitarbeiter zur Verfügung. Es wird also wichtig, bei den eigenen Mitarbeitern den Fokus auf die Aus- und Weiterbildung zu legen, ausgerichtet auf die Qualifikationen, die zukünftig auch tatsächlich gebraucht werden. Des Weiteren wird wichtig, die Mitarbeiter auf die Veränderungen und auch auf die neuen Technologien vorzubereiten und sie mitzunehmen. Nicht jeder Mitarbeiter wird davon sofort begeistert sein oder die digitalen Tools in Kürze vollumfänglich und auf effiziente Art und Weise einsetzen können. Das braucht Zeit und auch Geduld, was der sich schnell ändernden Welt und den bereits genannten Herausforderungen und Entwicklungen genau entgegenwirkt. Wir sind auch hier in einem Spannungsfeld unterwegs. Deshalb ist es in der heutigen Zeit besonders wichtig, die Anpassungs- und Veränderungsfähigkeit der Unternehmer selbst wie auch der Mitarbeiter zu stärken und zu trainieren. Sonst wird es sehr anstrengend, in der (künftigen) Berufswelt mitzuhalten.

1.3.7 Gesetzliche Vorgaben und politische Entscheidungen

Gleichzeitig wird auch die Gesetzgebung Stück für Stück ins neue Jahrtausend nachgezogen: DSGVO, neues Urheberrecht und Uploadfilter stehen im Fokus und es werden mit Sicherheit noch weitere Anpassungen folgen, alles natürlich im besten Sinne für die Endkunden. Für die Unternehmen selbst, vor allem für die KMUs, bedeutet das in der Regel aber viel Aufwand, viel Bürokratie und eine Bindung von Kapazitäten, die viel besser in neue Entwicklungen und Kunden investiert werden könnten. Die Grundgedanken dazu sind gut, keine Frage, die Auflagen für die Umsetzung sind meines Erachtens für KMUs nicht in dem Maße gerechtfertigt.

Auch die politischen Entscheidungen, wie z. B. zur Flüchtlingsthematik, haben aktuell und auch zukünftig Einfluss auf die Veränderungen in der Arbeitswelt. Quantitativ stehen auf den ersten Blick mehr potenzielle Arbeitnehmer zur Verfügung. Bis diese in die deutsche Unternehmenslandschaft integriert werden können, braucht es jedoch sehr viel Engagement in der Integration. Nicht nur sprachliche Barrieren gilt es zu überwinden, sondern auch die Qualifizierung und Integration in die deutsche Arbeitskultur gehen nicht von heute auf morgen.

Weitere politische Machtkämpfe, wie in der aktuellen Zeit zwischen den asiatischen Staaten und den USA, die sich in ständig wechselnden Zolldebatten und dem Ausschluss von Unternehmen wie Huawei zeigen, wirken sich natürlich auch auf die deutschen Unternehmen aus. Damit erhöhen sich die Unsicherheiten und wirtschaftlichen Risiken für die Unternehmen, die entweder mit ihren Standorten international vertreten sind oder ihre Waren international vertreiben.

Dazu verschieben sich die Wirtschaftsmächte. Die Zukunft wird im Moment in anderen Nationen geschrieben als in Deutschland (oder Europa). Die politischen Oberhäupter der USA oder auch China arbeiten beide sehr stark daran, die Wirtschaftsmacht ihrer Länder zu stärken. China konzentriert sich bereits seit Jahren auf den Ausbau der technologischen Entwicklung, was man an Städten wie Shanghai sieht. Auch das Silicon Valley ist seit Langem Anlaufstelle Nummer eins für technologische Zukunftsentwicklungen. Weitere technologische Hochburgen befinden sich auch in Israel. Von Deutschland keine Spur.

Unsere kleinen und mittelständischen Unternehmen haben sich vor allem auf Nischenprodukte spezialisiert, hochwertige Qualitätsarbeit, für die wir in der ganzen Welt bekannt sind und geschätzt werden. Sie bildeten die Basis für den wirtschaftlichen Erfolg in den letzten Jahrzehnten. Dabei konzentrierten sich die deutschen Unternehmen auf Präzision, immer mehr Effizienz. Ein Schlaraffenland für Ingenieure, jedoch nicht für die IT. Diese Entwicklung haben wir versäumt und anderen Ländern überlassen. Stellt sich die Frage: Bleibt unsere Stabilität der deutschen Wirtschaft, wenn wir nicht mehr in die technologische Zukunft der Unternehmen investieren und uns intensiver auf die Veränderungen vorbereiten?

Fazit

Wir sind aktuell in einer sehr großen Transformation, wahrscheinlich wie seinerzeit die Einläutung der Industrialisierung es war. Die digitale Transformation wird auch als vierte industrielle Revolution gehandelt [35]. Die einzelnen Entwicklungen und Herausforderungen sind nicht das eigentliche Thema, sondern wie sie zusammenspielen und damit die Unternehmer vor komplexe Aufgaben stellen. Mit den einzelnen Thematiken und damit, wie sie sich gegenseitig beeinflussen, haben wir uns im ersten Kapitel beschäftigt.

Wichtig ist, sich tatsächlich mit den Veränderungen zu beschäftigen, denn wer als Unternehmer nicht am Ball bleibt, wird langfristig nicht mehr erfolgreich sein. Auch Studien belegen, dass „Nichthandeln" in sich rasch verändernden Umwelten nur selten (ca. 5–10 % der Fälle) zu Erfolg von Unternehmen führt [36].

Die digitale Transformation bietet viele Möglichkeiten, die Chancen der Entwicklung ganz neuer Produkte und Märkte sind groß und sollten auch genutzt werden. Mich selbst faszinieren die digitalen Neuerungen und vernetzten Möglichkeiten jeden Tag aufs Neue und doch wird es auch wichtig, klar zu entscheiden, welche digitalen Umsetzungen für das eigene Unternehmen tatsächlich sinnvoll sind.

Es geht nicht nur darum, im Unternehmen alles digital zu machen und die bisherigen Produkte und Prozesse digital abzubilden, um gefühlt auf dem fahrenden Zug der digitalen Transformation mitzufahren. Es geht mehr darum, komplett neu zu denken und neue Perspektiven und Blickwinkel einzunehmen, gedanklich noch mal auf einer grünen Wiese anzufangen. Erst in einem dritten, vierten und fünften Schritt wird das Neue mit dem noch sinnvollen Bestehenden verbunden.

Gleichzeitig haben wir mit dem großen digitalen Wandel auch die Verantwortung, die richtigen Weichen für eine weiterhin langfristige Zukunft der Unternehmenswelt und auch der Menschheit zu stellen. Daher sollte sich jeder Unternehmer im Rahmen der Digitalisierung auf jeden Fall folgende Frage stellen: Wie passen die neuen Entwicklungen dann auch zum eigenen Wertebild und zur Nachhaltigkeit des Unternehmens? Diese zwei Faktoren sind unter anderem den jüngeren Generationen und damit den künftigen Entscheidungsträgern immer wichtiger.

Im zweiten Kapitel geht es darum, die Unternehmenslandschaft der KMUs ein wenig genauer unter die Lupe zu nehmen und sich basierend auf den bereits genannten Entwicklungen die Veränderung der Landschaft vor Augen zu führen. Werden die KMUs der Motor der deutschen Wirtschaft bleiben?

Literatur

1. Vogel, M. (2016). *Futability – Wie Sie Veränderungen und Transformationen bewältigen und selbstbestimmt gestalten.* Bonn: InnoLead Academy GmbH.
2. Vogel, M. (2019). Website. https://www.melanie-vogel.com. Zugegriffen am 15.04.2019.
3. Vogel, M., & Forster, N. (2019). Interview mit Melanie Vogel im Onlinekongress „Zukunftsorientiertes Unternehmertum" (März 2019). https://www.zukunftsunternehmertum.de. Zugegriffen am 15.04.2019.
4. Klaiber, H. (2018). Kaum zu glauben: Diese 20 Produkte kommen aus dem 3D-Drucker. Lead (06. Juli 2018). https://www.lead-digital.de/kaum-zu-glauben-diese-20-produkte-kommen-aus-dem-3d-drucker/. Zugegriffen am 26.04.2019.

5. Computerbild. https://www.computerbild.de/fotos/3D-Drucker-3D-Printer-Produkte-Uebersicht-8503192.html#14. Zugegriffen am 26.04.2019.

6. Digital Engineering Magazin. Begriffsdefinitionen. https://www.digital-engineering-magazin.de/themen/kunstliche-intelligenz-ki-artificial-intelligence-ai-maschinelles-lernen-machine-learning. Zugegriffen am 26.04.2019.

7. Lundborg, M., Märkel, C., & WIK GmbH. (2019). Studie: Künstliche Intelligenz im Mittelstand: Relevanz, Anwendungen, Transfer; eine Erhebung der Mittelstand-Digital Begleitforschung. https://www.mittelstand-digital.de/MD/Redaktion/DE/Publikationen/kuenstliche-intelligenz-im-mittelstand.pdf?__blob=publicationFile&v=5. Zugegriffen am 10.04.2019.

8. GTAI Germany Trade & Invest. (2017). Unternehmenslandschaft. Starkes Fundament: Kleine und mittlere Unternehmen. https://www.gtai.de/GTAI/Navigation/DE/Invest/Business-location-germany/Economic-profile/economic-structure,t=starkes-fundament-kleine-und-mittlere-unternehmen,did=214656.html. Zugegriffen am 16.04.2019.

9. RoSch, Karlstetter, F. (2018). Was ist Edge Computing? (14. August 2018). https://www.cloudcomputing-insider.de/was-ist-edge-computing-a-742343/. Zugegriffen am 16.04.2019.

10. Egelage, H., Herlt, H., & Siemens, C. (2019). Gesamtverband der Deutschen Versicherungswirtschaft e.V. Cyberrisiken im Mittelstand. https://www.gdv.de/resource/blob/32708/d3d1509dbb080d899fbfb7162ae4f9f6/cyberrisiken-im-mittelstand-pdf-data.pdf. Zugegriffen am 17.04.2019

11. Reich, C., & Forster, N. (2019). Interview mit Christian Reich im Onlinekongress „Zukunftsorientiertes Unternehmertum" (März 2019). https://www.zukunftsunternehmertum.de. Zugegriffen am 15.04.2019.

12. Hofmann, S. (2019). Künstliche Intelligenz in der Logistik (16. Januar 2019). https://www.maschinenmarkt.vogel.de/kuenstliche-intelligenz-in-der-logistik-beispiele-chancen-gefahren-a-734715/. Zugegriffen am 18.04.2019.

13. Unity. Was ist AR, VR, MR, XR, 360? (2019). https://unity3d.com/de/what-is-xr-glossary. Zugegriffen am 16.04.2019; Bendel, O. Gabler Wirtschaftslexikon. Virtuelle Realität. https://wirtschaftslexikon.gabler.de/definition/virtuelle-realitaet-54243. Zugegriffen am 16.04.2019

14. Stern. (2019). Verbraucher- und Produktvergleich. Die besten 12 VR-Brillen für Ihre virtuellen Multimedia-Erlebnisse im Vergleich – 2019 Test und Ratgeber. https://www.stern.de/vergleich/vr-brille/. Zugegriffen am 16.04.2019.

15. Kuhn, T. (2018). Wie virtuelle Brillen die Arbeit verändern (23. April 2018). https://www.wiwo.de/unternehmen/mittelstand/hannovermesse/aufbruch-in-den-daten-raum-wie-virtual-reality-brillen-die-arbeit-veraendern/21190012.html; https://www.industry-of-things.de/einsatzgebiete-von-vr-und-ar-in-unternehmen-a-594866/. Zugegriffen am 17.04.2019.

16. Hofmann, S. (2019). Blockchain Technologie einfach erklärt – Definition und Anwendungen (16. Januar 2019). https://www.mm-logistik.vogel.de/blockchain-technologie-einfach-erklaert-definition-anwendungen-a-676163/. Zugegriffen am 17.04.2019.

17. Schiller, K. (2019). Blockchainwelt. Blockchain – Was ist das? (27. Januar 2019). https://blockchainwelt.de/blockchain-was-ist-das/. Zugegriffen am 17.04.2019.

18. Talin, Benjamin, More Than Digital. (2019). Blockchain – Möglichkeiten und Anwendungen der Technologie (05. Januar 2019). https://www.wearesquared.de/blog/10-anwendungsbeispiele-fuer-blockchain-technologie-im-digitalen-marketing; https://morethandigital.info/blockchain-moeglichkeiten-und-anwendungen-der-technologie/; https://www.msn.com/de-de/finanzen/top-stories/fünf-anwendungsbeispiele-für-die-blockchain-technologie-neben-bitcoin/ar-BBPrkb0; https://t3n.de/news/blockchain-startups-825647/. Zugegriffen am 17.04.2019.

19. IT Wissen.info. (2019). IoT (Internet of Things). https://www.itwissen.info/Internet-of-things-IoT-Internet-der-Dinge.html. Zugegriffen am 17.04.2019.

20. GS Lexikon. (2019). Internet of things. https://www.gruen-derszene.de/lexikon/begriffe/internet-of-things?interstitial. Zugegriffen am 17.04.2019.

21. Weber, T., Bertschek, I., Ohnemus, J., & Ebert, M. (2018). Monitoring report. Wirtschaft Digital 2018 (Juli 2018). https://www.bmwi.de/Redaktion/DE/Publikationen/Digitale-Welt/monitoring-report-wirtschaft-digital-2018-langfassung.pdf?__blob=publicationFile&v=4. Zugegriffen am 18.04.2019.

22. Deutsche Telekom, Techconsult. (2018). Studie: Digitalisie-rungsindex Mittelstand 2018. Der digitale Status Quo des deutschen Mittelstands (November 2018). https://www.digi-talisierungsindex.de/wp-content/uploads/2018/11/Tele-kom_Digitalisierungsindex_2018_GESAMTBERICHT. pdf. Zugegriffen am 18.04.2019.

23. Benrath, B. (2019). Cyberkriminalität – Hacker greifen deutschen Mittelstand an (08. Januar 2019). https://www.faz.net/aktuell/wirtschaft/diginomics/cyberkriminalitaet-ha-cker-greifen-deutschen-mittelstand-an-15977082.html. Zu-gegriffen am 18.04.2019.

24. UK – Unternehmerkanal. (2019). Die 55 innovativsten Ge-schäftsmodelle zum Nachmachen. https://unternehmerka-nal.de/ideen/55-erfolgreiche-geschaeftsmodelle/. Zugegriffen am 19.04.2019.

25. Siems, D. (2019). Die fatalen Angebote der DAX-Konzerne (28. März 2019). http://www.xing-news.com/reader/news/articles/2179583?cce=em5e0cbb4d.%3AReHNn-7BCV1S387Yxan3JAN&link_position=digest&newsletter_id=43199&toolbar=true&xng_share_origin=email. Zugegriffen am 20.04.2019.

26. Statistica. (2019). Anzahl der Studierenden an Hochschulen in Deutschland in den Wintersemestern on 2002/2003 bis 2018/2019. https://de.statista.com/statistik/daten/studie/221/umfrage/anzahl-der-studenten-an-deutschen-hochschu-len/. Zugegriffen am 30.06.2019.

27. Wagner, G. (2018). Späte Auslese (03. Oktober 2018). https://www.faz.net/aktuell/feuilleton/hoch-schule/studien-abbruch-ein-drittel-der-studenten-bricht-das-studium-ab-15815287.html. Zugegriffen am 30.06.2019.

28. BMWI, Inmit, Institut für Mittelstandsökonomie, Professur für Unternehmensführung, Universität Trier. (2013). Studie: Beweggründe und Erfolgsfaktoren bei Gründungen im Nebenerwerb (Oktober 2013). https://www.bmwi.de/Redaktion/DE/Publikationen/Studien/beweggruende-und-erfolgsfaktoren-bei-gruendungen-im-nebenerwerb.pdf?__blob=publicationFile&v=3. Zugegriffen am 30.06.2019.

29. Flyer von trendence & mobileJob. Umfrage Karriere-Studie. (2018).

30. Worlfrum, S. (09. Oktober 2018). Agile Führung – was versteht man darunter? Ein Vergleich von Führungspraktiken. https://thecor.de/agile-fuehrung-was-versteht-man-darunter-ein-vergleich-von-fuehrungspraktiken. Zugegriffen am 27.04.2019.

31. https://vision.haufe.de/blog/digital-leadership-die-digitale-revolution-von-fuehrung/. Zugegriffen am 20.04.2019.

32. Frey, C., & Osborne, M. (2013). The future of employment: How susceptible are jobs to computerisation? https://www.oxfordmartin.ox.ac.uk/downloads/academic/The_Future_of_Employment.pdf. Zugegriffen am 24.04.2019.

33. Zimmermann, M. (2018). Koch, Pilot und sieben weitere Berufe, die kaum Zukunft haben (20. November 2018). https://www.focus.de/finanzen/experten/arbeit-im-wandel-programmierer-und-acht-weitere-berufe-die-kaum-zukunft-haben_id_9941408.html. Zugegriffen am 20.04.2019.

34. Palka, A. (2018). Digitalisierung gefährdet Millionen von Jobs – welche davon besonders betroffen sind (26. April 2018). https://www.handelsblatt.com/unternehmen/management/digitaletransformation/oecd-studie-zur-zukunft-des-arbeitsmarktes-digitalisierung-gefaehrdet-millionen-von-jobs-welche-besonders-betroffen-sind/21217278.html?ticket=ST-597143-aVaOmaN3vEYb2cYUWzzO-ap6. Zugegriffen am 20.04.2019.

35. Brynjolfsson, E., & McAfee, A. (2014). *The second machine age: Work, progress, and prosperity in a time of brilliant technologies.* New York: W. W. Norton.

36. Zook, C. (2007). *Unstoppable: Finding hidden assets to renew the core and fuel profitable growth*. New York: McGraw-Hill; Prof. Dr. Kugler, Petra. 21. Februar 2019. Digitale Veränderungen – Strategische Herausforderungen der digitalen Transformation. https://www.kmu-magazin.ch/digitalisierung-transformation/strategische-herausforderungen-der-digitalen-transformation. Zugegriffen am 21.04.2019.

2

Zahlen, Daten, Fakten zu KMUs und Handwerk

Sehr gut! Sie sind immer noch dabei. Dann bleiben Sie weiterhin offen und neugierig, denn die kommenden Zahlen, Daten und Fakten werden Sie interessieren.

Um die kommenden Entwicklungen besser zu verstehen und die Frage nach der nachhaltigen Stabilität der deutschen Wirtschaft besser beantworten zu können, werfen wir in diesem zweiten Kapitel einen Blick auf den heutigen Status quo der unternehmerischen Landschaft in Deutschland und wie sich das Bild der Unternehmenslandschaft weiterentwickeln kann und sehr wahrscheinlich auch wird. Denn dabei zeigt sich noch einmal mehr, warum es unabdingbar ist, sich mit den technologischen Entwicklungen auseinanderzusetzen.

Sehen wir uns die Unternehmenslandschaft [1] im Bereich der KMUs im Gesamten etwas genauer an, ist es Fakt, dass der Anteil der KMUs in Deutschland immer noch über 99 % der gesamten Unternehmen (3.254.129 umsatzsteuerpflichtige Firmen) ausmacht und die KMUs immer noch der Rückhalt der deutschen Wirtschaft sind.

© Springer Fachmedien Wiesbaden GmbH, ein Teil von Springer Nature 2019
N. Forster, *Hidden Digital Champions*, Fit for Future,
https://doi.org/10.1007/978-3-658-26724-7_2

Der Anteil am Umsatz in Bezug auf alle Unternehmen liegt bei 37,2 % (2263,42 Mrd. €) der umsatzsteuerpflichtigen Unternehmen. Die Zahlen der sozialversicherungspflichtigen Beschäftigten inkl. Auszubildende machen mit einem Anteil von 58,3 % 17,18 Mio. aus, davon sind 1,24 Mio. Auszubildende.

Knapp 1 Mio. Betriebe der gesamten Unternehmenslandschaft entfallen dabei auf das Handwerk, mit 5,49 Mio. Beschäftigten und 365.182 Auszubildenden. Der Umsatz im Handwerk lag 2017 bei 581 Mrd. € (ohne Umsatzsteuer; [2]).

Unternehmensgröße

Vergleicht man die Unternehmensgrößen, zeigt sich laut den Daten des statistischen Bundesamtes ein Wachstum in Richtung größer werdende Unternehmen. Waren es 2006 noch 90,2 % Kleinstunternehmen, sind es 2016 noch 88 %, dafür 1,6 % mehr kleine Unternehmen (insgesamt 9,2 %), 0,4 % mehr mittlere Unternehmen (insgesamt 2,3 %) und 0,2 % mehr große Unternehmen (insgesamt 0,5 %). Unsere Unternehmen wachsen und entwickeln sich augenscheinlich.

KMU-Dichte

Die höchste KMU-Dichte herrscht in Hamburg, gefolgt von Berlin, Bayern, Hessen, Schleswig-Holstein und Baden-Württemberg. Die geringste Dichte findet man in Sachsen-Anhalt, Niedersachsen, Saarland und Mecklenburg-Vorpommern.

KMU-Fortbestand

Nur wie sieht es mit dem Fortbestand der KMU-Landschaft aus? Bis 2022 sind alleine 150.000 Familienunternehmen übernahmereif und suchen entsprechend einen Nachfolger [3]. Andere Zahlen zeigen sogar über alle Unternehmen hinweg einen noch höheren Bedarf von 227.000 Nachfolgern, die im gesamten KMU-Bereich gesucht werden [4].

Nicht jedes Unternehmen wird jedoch weitergeführt. Laut dem KfW-Mittelstandspanel 2017 [5] werden im Zeitraum bis 2022 14 % der Unternehmer ihren Betrieb stilllegen und für weitere 6 % ist das zumindest eine ernsthafte Option – aus meiner Sicht eine erschreckende Tendenz, auch wenn es vorauszusehen war. Ist es dann aber soweit, ist es trotzdem noch mal was anderes. Jetzt wird es schon interessanter, wie es mit der Zukunft der deutschen Unternehmen weitergeht, vor allem, wenn einfach mal so bis zu 20 % der Unternehmen wegfallen. Auch wenn darunter vielleicht viele kleine Unternehmen sein werden – es wird unsere Unternehmenslandschaft verändern.

Gründe für den Wegfall gibt es mehrere:

* bewusste Entscheidung des Unternehmers,
* die Unternehmen sind wirtschaftlich nicht attraktiv genug für eine Unternehmensübernahme (z. B. durch zu geringen Umsatz, Investitionsrückstau),
* die Unternehmen sind nicht zukunftsfähig aufgestellt (veraltete Technik, fehlende Fachkräfte für zukünftig notwendige Jobs etc.),
* es fehlt an möglichen und potenziellen Nachfolgern,
* der Kaufpreis ist zu hoch,
* der Nachfolger kann den Kaufpreis nicht finanzieren.

Auf den Grund des Mangels an möglichen und potenziellen Nachfolgern möchte ich hier noch ein wenig tiefer eingehen, denn auch hier spielen die bereits genannten Entwicklungen aus Kap. 1 eine tragende Rolle. Die Selbstverständlichkeit, dass die Kinder automatisch in die Fußstapfen der Eltern im Familienbetrieb folgen, ist nicht mehr gegeben, auch wenn die Eltern sich das sehr oft wünschen und dadurch andere Möglichkeiten der Betriebsübergabe gar nicht in Betracht ziehen, obwohl die Kinder den Betrieb nicht übernehmen wollen.

Wie bereits erwähnt spielt die Selbstverwirklichung mittlerweile eine große Rolle. Dadurch überlegen sich die Nachfolger sehr gut, was sie einerseits in ihrem Leben tatsächlich beruflich machen und andererseits ob sie diese Verantwortung der Unternehmensführung tatsächlich haben wollen. Da sie dazu bei ihren Eltern erlebt haben, was es bedeutet, ein Unternehmerleben zu führen, welche Gedanken, Risiken, Erfolge und Sorgen auf dem Tagesprogramm der Eltern stehen, wie viel Zeit sie für das Unternehmen investieren, entscheiden sich die Kinder immer wieder gegen eine Unternehmensübernahme. Bei externen Nachfolgern stellen sich natürlich wieder andere Fragen der Eignung.

Neben der Selbstverwirklichung fließt die gute Arbeitsmarktlage in die Entscheidung gegen eine Übernahme eines Unternehmens ein, mit der Tatsache, dass es sich mittlerweile um einen Arbeitnehmermarkt handelt, in Verbindung mit dem ausgeprägten Bedürfnis der Y- und Z-Generation nach Familie und Sicherheit. Das ist zusätzlich ein Grund für die rückgängigen Neugründungen von Unternehmen.

Fallen die vorher angesprochenen KMUs alleine bis 2022 weg, weil es keine erfolgreiche Unternehmensnachfolge gibt, wird sich das auf unsere Wirtschaft auswirken. Zusätzlich zeigt sich ab 2020 der demografische Wandel vermehrt, da die geburtenstarke Babyboomergeneration, die vor allem zwischen 1964 und 1967 geboren worden ist, das Rentenalter erreicht und damit die Anzahl der aus dem Erwerbsleben aussteigenden Menschen exponentiell ansteigt. Das betrifft natürlich auch die Unternehmer. Das wäre ein Wegfall von Millionenumsätzen und Arbeitsplätzen schätzungsweise im sechsstelligen Bereich.

Deshalb erlebe ich es bei meinen Kunden und Interessenten sehr häufig, dass die Seniorunternehmer weit über das Rentenalter hinaus mit siebzig bis teilweise zum neunzigsten Lebensjahr noch aktiv im Unternehmen mitwirken, zumeist ohne den Sprung auf den technologischen Zug oder die Berücksichtigung der aktuellen Entwicklungen, wie im ersten Kapitel angesprochen. Bei vielen der Unternehmen fehlen die geeigneten Nachfolger.

Wo werden wir also allein in den nächsten zehn bis fünfzehn Jahren wirtschaftlich stehen, wenn die Unternehmenslandschaft schrumpft? Örtlich gesehen zeigt sich im Vergleich zur KMU-Dichte in den Bundesländern bei den bevorstehenden Unternehmensnachfolgen ein etwas anderes Bild. Die meisten Unternehmensübernahmen, bezogen auf die Familienunternehmen, stehen in Nordrhein-Westfalen (32.300), Bayern (27.400) und Baden-Württemberg (21.700) an [3].

2.1   Aktuelle Branchenbilder

Lag der Fokus bisher auf den allgemeinen Zahlen der Unternehmenslandschaft, wechseln wir nun die Perspektive auf die einzelnen Branchenbilder. Laut statistischem Bundesamt liegt, im Vergleich zu den Großunternehmen, der Hauptanteil der Wirtschaftsbereiche der KMUs bei den unternehmensnahen und personenbezogenen Dienstleistungen mit 40,5 %, gefolgt vom Handel und dem Gastgewerbe mit 25,3 %. Das produzierende Gewerbe im Bereich der KMUs nimmt insgesamt 20,4 % ein, was ca. die Hälfte des Anteils bei den Großunternehmen mit 37,5 % ist.

Heruntergebrochen auf einzelne Wirtschaftszweige zeigt sich, dass die prozentualen Hauptanteile bei den KMUs dabei der Handel sowie die Instandhaltung/Reparatur von Kraftfahrzeugen (18,1 %), die freiberuflichen, wissenschaftlichen und technischen Dienstleistungen mit 15 % sowie das Baugewerbe mit 11,2 % einnehmen [6].

Interessante Branchen für Nachfolger

Unter der Brille der potenziellen Unternehmensnachfolgen interessieren sich potenzielle Unternehmensnachfolger, die sich in der IHK zum Thema Unternehmensnachfolge im ersten Schritt beraten ließen, am meisten für die Industrie sowie für die sonstigen Dienstleistungen und Branchen. Laut dem DIHK-Report [7] gibt es für die Industrie fast doppelt so viele Interessenten wie Unternehmen, die zur Übergabe bereitstehen. Bei den Dienstleistungen hält sich das Angebot gegenüber der Nachfrage in der Waage. Sowohl der Handel als auch das Hotel- und Gastgewerbe, das Kredit-/Versicherungswesen sowie die Verkehrsbranche haben jedoch zum Teil große Schwierigkeiten, Interessenten für ihre Unternehmen zu finden.

Positiv ist jedoch, dass sich immer mehr Frauen für eine Unternehmensnachfolge interessieren. Laut IHK liegt die Zahl der Interessentinnen mittlerweile bei über 25 %. Bei den tatsächlichen Betriebsübernahmen liegt der Frauenanteil branchenabhängig bei 13–23 % [8].

Aktuelle Gründungstrends

Interessant ist natürlich auch die Verteilung in den Branchen, in denen die aktuellen Unternehmensgründungen stattfinden. Auch sie darf im Gesamtbild der Unternehmerlandschaft nicht fehlen. Laut der Studie „5. Deutscher Startup Monitor" [9] ist die Technologiebranche Vorreiter (IT/Softwareentwicklung mit 19,4 % und Software as a Service mit 12,0 %), gefolgt von den industriellen Technologien (9,1 %) und E-Commerce (6,8 %). Danach reihen sich Onlinemarktplätze (5,4 %), die Beratungsunternehmen, Finanzen/Finanztechnologien und Onlineserviceportale (jeweils 4,6 %) sowie Nahrungsmittel, Sonstiges, Medienwirtschaft und andere Technologien (mit 1,2–4,5 %) ein. Somit liegt bei den aktuellen Neugründungen der Fokus auf den neuen Technologien.

Lässt man sowohl die genannten Zahlen im Gesamten als auch die Herausforderungen und Entwicklungen aus Kap. 1 auf sich wirken, wird das Bild der deutschen Unternehmenslandschaft schon im nächsten Jahrzehnt anders aussehen als heute. Bei den Gründungen geht der Trend hin zu technologiegetriebenen Produkten und Dienstleistungen. Bei den bestehenden Unternehmen scheidet sich der Geist zwischen denjenigen, die sich auf die Entwicklungen einlassen und ihr Unternehmen zukunftsorientiert und nachhaltig aufstellen, und denjenigen, die in der sich immer schneller wandelnden Wirtschaftswelt den Anschluss verlieren.

Die Babyboomergeneration wird zusätzliche spürbare Spuren hinterlassen, wenn sie als Unternehmer aus den Betrieben aussteigt. Branchen wie vor allem das Hotel- und Gastgewerbe werden sich neu ordnen, zumal viele Betriebe aufgrund der fehlenden Nachfolgeinteressenten aufgeben müssen.

Auch die hohe Zahl der Unternehmer, die bewusst keine Nachfolge anstreben, weil sie das nicht wollen, nicht können oder das Angebot zu stark an die Inhaber gebunden ist, wird für weitere Branchen spürbar werden.

Es wird sich also alles ändern. Aber was kommt wirklich?

2.2   Zukunftstrends

Werfen wir einen weiteren Blick in die Zukunft. Mit den aktuellen Zahlen und den bisher bekannten Entwicklungen zeigt sich bereits, dass sich in den kommenden Jahren nicht nur die Produkte und Angebote verändern werden, sondern die gesamte Unternehmenslandschaft.

Interessant ist jetzt noch der Blick in die Zukunft. Das Zukunftsinstitut hat die aktuellen Entwicklungen und Trends in einer Megatrend-Map zusammengefasst, die zum einen als

Überblick dienen soll, zum anderen aber auch die Komplexität nochmals darstellt, in der wir uns gerade bewegen [10].

Die Topthemen und größten Veränderungsbereiche sieht das Zukunftsinstitut in der Individualisierung, der Sicherheit, der Mobilität, der Konnektivität, der Wissenskultur, der Gesundheit, der Urbanisierung, der Globalisierung, der Neoökologie, im Bereich New Work, einem Gender Shift und der Silver Society in all ihren Facetten. Die Bereiche agieren dabei nicht nur für sich allein, sondern bilden immer wieder Schnittstellen zu den anderen Bereichen. Dadurch steigt die Komplexität noch weiter an und es reicht nicht mehr aus, dass wir als Unternehmer uns nur mit einer oder wenigen Thematiken auseinandersetzen. Die Fülle der Herausforderungen, wie bereits in Kap. 1 dargestellt, bleibt also bestehen, es kommen vielmehr noch weitere dazu.

Da sich die Themen überschneiden, dürfen wir langfristig viele Bälle gleichzeitig in der Luft halten, um die schnelllebigen Entwicklungen im Blick zu behalten und sie entsprechend für unser Business und unsere strategischen Entscheidungen zu berücksichtigen.

Trends bis zum Jahr 2030

Egal welchen Trendbericht man liest, die Technologie steht ganz vorne mit dabei und wird auch in allen Bereichen mit verknüpft. Ohne den Einsatz von Robotern und anderen technischen Tools in den Unternehmensprozessen, die digitale Vernetzung der Produkte und Angebote, die Berücksichtigung künstlicher Intelligenz und Virtual Reality wird eine nachhaltige Existenz der einzelnen Unternehmen nicht mehr denkbar sein. Daher wird es sehr wichtig, die Trends genau zu beobachten und sich mit den neuen Technologien unbedingt auseinanderzusetzen, um dann für sich und das eigene Unternehmen zu entscheiden, was davon und in welcher Form eingesetzt werden soll.

Laut dem Bericht des Weltwirtschaftsforums (WEF; [11]) sollen sich mehr als 21 Zukunftstechnologien vor 2030 durchsetzen, z. B.: Roboter bedienen in den ersten Apotheken (2021), 10 % der Weltbevölkerung tragen Kleidung, die mit dem Internet verbunden ist (2022), Autos aus dem 3-D-Drucker gehen in die Massenproduktion (2023), Smartphones können implantiert werden (ab 2023), 10 % der Brillen sind mit dem Internet verbunden (2023) und noch vieles mehr [12].

Daraus ergeben sich mögliche Entwicklungen [13]:

* Mit den Angeboten des 3-D-Drucks werden ganze Produktionsketten verschwinden. Auch hier wird sich die Kommunikation immer mehr zwischen Drucker/ Software und dem Endkunden abspielen.
* Hersteller von Produkten werden immer mehr zu Servicedienstleistern, z. B. findet im Automobilbereich der Wandel vom reinen Autoproduzenten über das Carsharing hin zum Mobilitätsanbieter statt. Der Fokus liegt dann nicht mehr auf dem Produkt, sondern auf der Mobilität selbst.
* Dienstleistungen werden immer stärker durch Technologie unterstützt. Routineabläufe werden dabei komplett automatisiert und der Kunde wird immer mehr in die Umsetzung miteinbezogen.
* Es wird mehr IT-gestützte Informationsplattformen geben.

Die Entwicklungen werden sich mittel- bis langfristig in wenigen Hauptströmen verdichten, die von Thomas Klauß und Annika Mierke in ihrem Buch *Szenarien einer digitalen Welt – heute und morgen. Wie die digitale Transformation unser Leben verändert* [14] als Metatrends zusammengefasst und in vier Bereiche gegliedert wurden (vgl. Abb. 2.1).

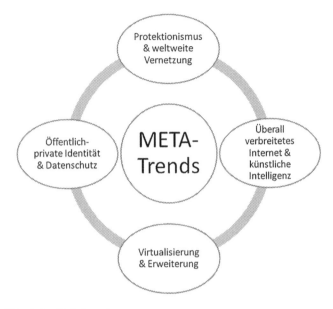

Abb. 2.1   Metatrends

Protektionismus und weltweite Vernetzung

* Es prallen Gegensätze aufeinander: politische Abschottungstendenzen und digitale Vernetzung der Wirtschaft und Menschen.
* Neue digitale Infrastrukturen, wie z. B. Blockchain, lösen bisherige Verfahren ab.
* Bürger, Unternehmen und NGOs werden mehr in staatliche Prozesse involviert.
* Cyberüberwachung, Cyberattacken und Cybersicherheit werden zu vorherrschenden Themen.

Ubiquitäres (überall verbreitetes) Internet und künstliche Intelligenz

* Vernetzung und das Internet der Dinge (IoT) sind allgegenwärtig.

* Smarthome, Smart City, Smart Governance sorgen u. a. für die Erneuerung von Versorgungs- und Entsorgungssystemen sowie der Verkehrssysteme.
* Big Data, Auswertungen der Daten, künstliche Intelligenz/Maschinenlernalgorithmen sind Dreh- und Angelpunkte der allermeisten Entwicklungen.
* Die Informations-/Plattformökonomien werden von sehr wenigen, sehr mächtigen globalen Playern dominiert.
* Produktionsprozesse werden lokaler, umweltfreundlicher und machen Konsumenten zu Prosumenten.

Virtualisierung und Erweiterung
* Mixed Reality wird sich mehr und mehr etablieren.
* Intelligente Roboter mit ausgestatteten Avataren als neue Art künstlichen Lebens.
* Geräte werden mehr und mehr über Implantate getragen.
* Die Verbindung von Nano-, Bio- und Kognitionstechnologien verschmilzt die lebende mit der künstlichen Welt.

Öffentlich-private Identität und Datenschutz
* Neues Menschsein in der Mixed Reality.
* Private und öffentliche Identität vermischen sich immer mehr.
* Geschlossene Privatsphäre wird es nicht auf Dauer geben.

Befasst man sich genauer mit den verschiedenen Trendaussagen, liegt die Herausforderung der aktuellen Unternehmer wohl vor allem darin, zu erkennen, dass es unsere Realität, wie wir sie in den letzten Jahrzehnten kennengelernt haben, in der Art und Weise langfristig nicht mehr geben wird. Der Schlüssel ist, sich nicht nur auf aktuelle Entwicklungen zu konzentrieren, um dann kleine

Optimierungen im eigenen Unternehmen vorzunehmen oder digitalere Produkte und Services einzuführen. Es wird vielmehr darum gehen, die Zukunft zu erfassen und dafür Lösungen zu entwickeln, unabhängig davon, was aktuell schon alles da ist. Es wird wichtig, sich zu überlegen, welchen Anteil man mit seinem Unternehmen an der sich ändernden Zukunft haben möchte. Der nächste Schritt ist dann, zu schauen, was der aktuelle Status quo ist, welche Kenntnisse und Qualifikationen schon da sind und was es braucht, um das zukünftige Ziel zu erreichen. Grundsätzlich sind das alles logische Schritte, der Knackpunkt ist jedoch die Erfassung der künftig möglichen Realitäten.

Was noch dazukommt ist, dass sich die Zukunft nicht linear entwickeln wird. Aufgrund der extrem schnellen digitalen Entwicklungen wird sich unsere Zukunft exponentiell entwickeln, sodass die Veränderungsdynamik zunimmt und damit die Anpassungsdauer für unsere Unternehmen immer mehr abnimmt. Deshalb haben wir Unternehmer keine Zeit mehr, den Kopf in den Sand zu stecken und abzuwarten, welche Best Practices sich irgendwann einstellen. Bis dahin haben uns die Entwicklungen mehrfach überholt, was wir an Wissen dann nicht mehr aufholen können.

Fazit

So weitermachen wie bisher, wird langfristig nicht funktionieren. Es wird nicht ausreichen, dass sich die kleinen und mittelständischen Unternehmen weiterhin auf ihre bisherigen Nischen, in denen sie groß und stark geworden sind, konzentrieren. Jetzt ist es an der Zeit, komplett neu zu denken, und dafür müssen wir unsere bisherigen Denk- und Handlungsmuster über Bord werfen. Die Zeit des

Optimierungswahnsinns ist vorbei. Wir müssen uns soweit über den Tellerrand hinauswagen wie seinerseits Christoph Kolumbus oder Marco Polo, die großen Entdecker der neuen Länder. Es ist Zeit für eine Reise in unbekannte Gefilde.

Gründe dafür gab es in den letzten beiden Kapiteln genug: der demografische Wandel, die digitale Entwicklung, Zukunftstrends, die die Produkte und Märkte noch mehrfach auf den Kopf stellen werden, die fehlenden Unternehmensnachfolger und Gründungen, hauptsächlich im technologischen Bereich. Der gute Arbeitsmarkt mit seiner mehr als geringen Zahl an Arbeitslosen verschärft die Problematik der Unternehmensnachfolge weiter.

Auch die politischen Entwicklungen und die Flüchtlingsströme dürfen in dem Gesamtbild nicht vernachlässigt werden. Des Weiteren hat die internationale Entwicklung, vor allem in Asien und den USA, nicht wenig Einfluss auf unsere künftige wirtschaftliche Entwicklung.

Die Unternehmenslandschaft wird also um ein Vielfaches anders aussehen, als wir es uns heute überhaupt vorstellen können. Wenn wir alleine an die Entwicklungen der letzten 20 Jahre denken, die uns das Internet, die Smartphones, die E-Mails und vieles mehr gebracht haben und auch unsere Lebens-, Arbeits-, Denk- und Handlungsweisen bereits verändert haben. Dabei sollen die Dynamik und auch die Schnelllebigkeit zukünftig noch weiter ansteigen.

Umso wichtiger ist es, jetzt aktiv zu sein und zu werden. Dabei reicht es nicht aus, die bisherigen Prozesse zu digitalisieren. Wir müssen uns an den Zukunftstrends orientieren und für unser Unternehmen, für unsere Ausrichtung und damit für unsere unternehmerische Zukunft neu denken. Und wenn nötig müssen wir auch das gesamte bisherige Unternehmenskonzept auf den Kopf stellen oder uns in komplett neue Bereiche wagen.

Gleichzeitig möchte ich trotzdem davor warnen, den digitalen Tools und Entwicklungen komplett zu verfallen, was bei all den Möglichkeiten, die sich aufzeigen, wenn man wirklich tiefer in die Thematik eintaucht, doch schwierig ist. Wir sollten trotzdem unsere Menschlichkeit erhalten, ein festes Wertesystem sowie Ethik und Moral aufrechterhalten, vor allem in Zusammenarbeit mit der eher sachlichen und kühlen Maschinenwelt. Ohne den Einsatz der Technologien in der Unternehmenswelt wird der nachhaltige Erfolg so gut wie unmöglich, trotzdem sind die Technologien wie künstliche Intelligenz, Virtual Reality etc. nicht alles.

Das bedeutet, sich jetzt auf den Weg und sich für die Transformation stark zu machen, persönlich und auch unternehmerisch, und sich vor allem offen und aufgeschlossen den digitalen Entwicklungen zu stellen. Wie das im Detail aussehen kann und worauf es bei dem Wandel und der Einführung neuer Ideen im Unternehmen ankommt, darum geht es im nächsten Kapitel.

Literatur

1. Statistisches Bundesamt; Bundesagentur für Arbeit; Institut für Freie Berufe Nürnberg; Stifterverband Wissenschaftsstatistik; Berechnungen des IfM Bonn, 06/2018. Zahlen Stand 2016.
2. ZDH Zentralverband des Deutschen Handwerks. Stand 2017. Wirtschaftlicher Stellenwert des deutschen Handwerks. (2019). https://www.zdh.de/daten-fakten/kennzahlen-des-handwerks/. Zugegriffen am 22.04.2019.
3. Kay, R., IfM Bonn, & Institut für Mittelstandsforschung. (2018). Unternehmensübertragungen/Nachfolgen. https://www.ifm-bonn.org/statistiken/unternehmensuebertragungen-und-nachfolgen/#accordion=0&tab=0. Zugegriffen am 22.04.2019.

4. KfW Research. (2019). Pressemitteilung vom 04.02.2019. 227.00 Mittelständische Unternehmen suchen bis Ende 2020 einen Nachfolger. https://www.kfw.de/KfW-Konzern/ Newsroom/Aktuelles/Pressemitteilungen-Details_505088. html. Zugegriffen am 22.04.2019.

5. Schwartz, M., & KfW Research Fokus Volkswirtschaft. (2018). Generationenwechsel im Mittelstand: Bis 2019 werden 240.000 Nachfolger gesucht (23. Januar 2018). https:// www.kfw.de/PDF/Download-Center/Konzernthemen/ Research/PDF-Dokumente-Fokus-Volkswirtschaft/ Fokus-2018/Fokus-Nr.-197-Januar-2018-Generationen-wechsel.pdf. Zugegriffen am 22.04.2019.

6. IfM Bonn, und Statistisches Bundesamt. (2018). KMU nach Definition des IfM Bonn nach Wirtschaftszweigen laut Unternehmensregister (07. Juni 2018). https://www.ifm-bonn. org/fileadmin/data/redaktion/statistik/mittelstand_im_ein-zelnen/dokumente/Unt_2012-2016_D_WZ.pdf. Zugegriffen am 18.04.2019.

7. Evers, M., & Deutscher Industrie- und Handelskammer e. V. (2018). Unternehmensnachfolge 2018 – Große Herausforderungen, aber auch Lichtblicke – DIHK – Report zur Unternehmensnachfolge 2018 (Dezember 2018). https://www. nordschwarzwald.ihk24.de/blob/pfihk24/existenzgruen-dung/nachfolge/downloads/2990624/40cc409e6f 7530b87d6df04726f59e6b/DIHK-Nachfolgereport-data. pdf. Zugegriffen am 18.04.2019.

8. Gründerinnenagentur-bga. Portal für Existenzgründerinnen. (2019). https://www.existenzgruenderinnen.de/DE/Unter-nehmensnachfolge/unternehmensnachfolge_node.html; jsessionid=D2611B2417E15D4DC7C994BEFD950C4A. Zugegriffen am 30.06.2019.

9. Kollmann, T., Stöckmann, C., Hensellek, S., & Kensbock, J. (2017). KPMG Deutscher Startup Monitor 2017 – Mut und Macher. https://deutscherstartupmonitor.de/fileadmin/dsm/ dsm-17/daten/dsm_2017.pdf. Zugegriffen am 22.04.2019.

10. Megatrend Dokumentation. Zukunftsinstitut. https://www. zukunftsinstitut.de/index.php?id=1532. Zugegriffen am 17.04.2019.

11. World Economic Forum. (2015). Deep shift – Technology tipping points and sociezal impact. http://www3.weforum. org/docs/WEF_GAC15_Technological_Tipping_Points_report_2015.pdf. Zugegriffen am 19.04.2019.
12. Ludwig, C. (2015). Künstliche Intelligenzen in der Chefetage, Smartphone-Implantate: So verändert die Technik unser Leben (bis 2030) (23. November 2015). https://www. businessinsider.de/so-veraendert-high-tech-unser-leben-bis-2030-2015-11. Zugegriffen am 24.04.2019.
13. Zweck, A., Holtmannspötter, D., Braun, M., Cuhls, K., Hirt, M., & Kimpeler, S. (2015). Forschungs- und Technologieperspektiven 2030 (Mai 2015). https://www.vditz.de/fileadmin/media/VDI_Band_101_C1.pdf. Zugegriffen am 24.04.2019.
14. Klauß, T., & Mierke, A. (2017). *Szenarien einer digitalen Welt – heute und morgen. Wie die digitale Transformation unser Leben verändert* (S. 244 ff.). München: Carl Hanser.

3

Auch kleine Schritte sind erlaubt

Die aktuellen Entwicklungen und die künftigen Trends zeigen, dass akuter Handlungsbedarf besteht, wenn man als Unternehmer weiterhin langfristig erfolgreich sein und bleiben möchte.

In einer gewissen Weise ist Radikalität gefragt, dahin gehend, dass Veränderung in den bisherigen Verhaltensweisen notwendig ist – dass die Dinge eben nicht so bleiben, wie sie sind, dass sie nicht einfach ausgesessen oder auf die nächste Generation vertagt werden können, denn bis dahin existiert das Unternehmen vielleicht nicht mehr. Langfristig wird es eben nicht ausreichen, die aktuellen Prozesse in digitaler Weise neu abzubilden.

Aber wie schon angedeutet, muss nicht alles auf einmal verändert werden. Würden das alle Unternehmen auf einmal machen, würde die Wirtschaft erstmals komplett zum Erliegen kommen. Es würde uns menschlich auch komplett überfordern, weil wir die Änderungen nicht einfach mit einem Schalter aus- und neu einschalten können in der Hoffnung, danach seien wir völlig verändert. Veränderungen durchlaufen mehrere Stufen, auf die wir in diesem Kapitel noch genauer eingehen werden. Deshalb sind für den Anfang auf jeden Fall erste kleinere Schritte möglich, wichtig ist nur, dass man anfängt, sie zu gehen. Für den nach-

© Springer Fachmedien Wiesbaden GmbH, ein Teil von Springer Nature 2019
N. Forster, *Hidden Digital Champions*, Fit for Future,
https://doi.org/10.1007/978-3-658-26724-7_3

haltigen und weiterhin langfristigen wirtschaftlichen Erfolg braucht es eine radikalere Denk- und Veränderungsbereitschaft.

Aber starten wir mit den ersten Schritten.

3.1 Tradition trifft auf Digitalisierung

Wagen wir neue Schritte, hat das immer mit Veränderung zu tun. Umso erfolgreicher wir dabei mit unseren bisherigen Handlungs- und Denkmustern sind, desto schwieriger wird es, neue Wege einzuschlagen und sie zu gehen. Und doch haben wir ja schon festgestellt, wie wichtig es ist, genau dies jetzt zu tun.

Warum ist es immer wieder so schwierig, Veränderungen einzugehen?

Wie ist es bei Ihnen, kommen Ihnen folgende Sätze oder Gedanken eventuell bekannt vor?

* „Das hat schon immer gut funktioniert, also wird es das auch weiterhin tun."
* „Das betrifft meine Branche nicht."
* „Mit mir hat das doch nichts mehr zu tun. Darum soll sich die nächste Generation kümmern."

Bei meiner Arbeit bekomme ich diese und weitere Sätze immer wieder zu hören, wenn es um die nachhaltige Zukunft der Unternehmen meiner Kunden geht.

Ich verstehe diese Haltung, denn sie wird von unserem menschlichen System unterstützt. Es liegt nicht in der Natur der Menschen, sich ständig zu verändern. Wir sind darauf ausgerichtet, in unserer sogenannten Komfortzone zu bleiben, und sobald wir Änderungen wagen, unternimmt unser Verstand alles, um uns von dem Neuen wieder abzubringen. Es ist ein evolutionsbedingter Schutzmechanismus, der hier anspringt und uns verteidigt. Das merkt man relativ schnell an Zweifeln und Unsicherheiten, die sich in die eigenen Gedanken mischen, um einen selbst davon abzuhalten, die neuen Wege weiterzugehen oder die neuen Ideen weiterzuverfolgen. Solange wir kein klares und starkes Zielbild haben und einen guten Grund, warum wir die Änderung für uns tatsächlich wünschen, wird es extrem schwer, die Phasen der Veränderung erfolgreich zu durchlaufen und das Neue für uns nachhaltig zu integrieren.

Dabei haben wir alle Erfahrung in der Bewältigung von Veränderungen. Sogar mehrfach und immer wieder aufs Neue, auch in den eigenen Unternehmen. Manchmal brauchen wir nur eine kleine Erinnerung, dass wir uns eigentlich täglich verändern.

Wann haben Sie das letzte Mal etwas Neues gelernt? Und dazu gehört auch, wenn Sie sich über YouTube ein Tutorial zu einem bestimmten Thema angesehen haben. Wann haben Sie sich das letzte Mal für ein neues Produkt im Supermarkt entschieden? Wann sind Sie das letzte Mal eine andere Strecke nach Hause oder zu einem anderen sehr oft besuchten Ort gefahren oder gegangen? Dieses Fragespiel könnten wir noch stundenlang weiterführen. Das Ergebnis ist letzten Endes das Gleiche: Sobald wir neue Informationen bekommen oder uns für eine andere Strecke entscheiden, einen neuen Weg erkunden oder etwas Neues austesten, verändern wir uns. Täglich. Manchmal bewusst und manchmal eher unbewusst.

Das funktioniert nicht nur im Kleinen, sondern auch im Großen. Und genau da wollen wir mittelfristig hin. Erhöhen wir also die Gangart, bezogen auf das eigene Unternehmen. Dazu möchte ich Sie zum Einstieg auf eine kleine Gedankenreise mitnehmen:

Selbstcheck

Wie hat sich Ihr Unternehmen in den letzten Jahren und Jahrzehnten, vielleicht schon über Generationen hinweg, verändert? Welche Wege mussten Sie oder auch Ihre Vorgenerationen dafür schon gehen?

Gehen Sie dazu gerne an den Ursprungspunkt zurück, als Sie die ersten Gedanken und Berührungspunkte zum Unternehmen hatten, und notieren Sie sich Ihre Gedanken dazu.

- Welche Träume und Ziele hatten Sie?
- Für diejenigen, die das Unternehmen übernommen haben: Wie haben Sie das Unternehmen zum damaligen Zeitpunkt erlebt? Welche Änderungen wollten Sie vornehmen oder wobei haben Sie sich gedacht: „Das mache ich anders!"?
- Wie sehr haben Sie gebrannt und waren neugierig auf das, was alles kommen wird?
- Wo stehen Sie heute? Sind dieser Eifer der Weiterentwicklung und diese Neugierde noch vorhanden?
- Wenn Ja, welchen Wert in dieser Kategorie würden Sie sich selber geben, wenn Sie sich auf einer Skala von 1 bis 10 einschätzen?
- Warum haben Sie genau diese Zahl gewählt und keine niedrigere?

Um sich mit diesen und weiterführenden Fragen in der Tiefe zu beschäftigen, braucht es einen freien Kopf, was für viele Unternehmer von kleinen und mittelständischen Unternehmen nicht immer leicht ist.

Den Schutzmechanismus, auf Veränderungen abwehrend zu reagieren, merke ich nicht nur bei meinen Kunden, sondern auch bei mir selbst, wenn ich aufgrund der Auftragslage nur noch im Tagesgeschäft versinke. Dann habe ich keine Zeit und auch keine Lust, mich mit den Weiterentwicklungen meines Unternehmens auseinanderzusetzen. Und doch nehme ich mir genau dann die Zeit, denn ich habe für mich gelernt, wie wichtig es ist, sich immer wieder aus diesem Gedankenrad herauszuziehen und sich über die Zukunft des Unternehmens Gedanken zu machen und dann auch entsprechend zu agieren. Egal, wie viele Jahre ich noch in meinem Unternehmen verbringe: Es ist meine Verantwortung als Unternehmerin und auch zum gegebenen Zeitpunkt mein Vermächtnis.

Das ist nicht immer einfach, aber machbar. Stefan Merath [1] beschreibt in seinem Buch *Der Weg zum erfolgreichen Unternehmer*, dass wir in unseren Unternehmen unterschiedliche Aufgabenbereiche haben: Unternehmeraufgaben, Manageraufgaben und Fachaufgaben. Bei vielen Unternehmern von klein- und mittelständischen Unternehmen überwiegen die Fachaufgaben mit einem mittleren Anteil an Manageraufgaben und immer mal wieder Unternehmeraufgaben.

Als Unternehmer sollten jedoch die Unternehmeraufgaben im Fokus stehen, das Arbeiten mit Visionen, Strategien und Zielen, um das eigene Unternehmen weiterzuentwickeln und sich mit künftigen Entwicklungen auseinanderzusetzen. Dazu gehört vor allem die Auseinandersetzung mit den Herausforderungen und Entwicklungen, wie der digitalen Transformation, und idealerweise auch den Zukunftstrends, die unsere Unternehmensentscheidungen und -entwicklungen langfristig beeinflussen. Vor allem bei KMUs ist das nicht so leicht, weil das Umsetzen der Kundenaufträge im Vordergrund steht und natürlich auch von der Teamgröße abhängt. Und doch ist es essenziell, den Blickpunkt immer wieder auf die unternehmerischen Aufgaben zu richten. Es hilft uns in der tagtäglichen Entscheidungsfindung, gibt dem Unternehmen selbst Standhaftigkeit und ist für die nachhaltige Unternehmensentwicklung unabdingbar. Zusätzlich sind wir für unsere Kunden greifbarer, weil mehr Klarheit im Unternehmen existiert, die wir auch nach außen kommunizieren.

Eine der unternehmerischen Weiterentwicklungen sollte die digitale Transformation sein. Die Gründe dafür können

Sie in Kap. 1 und Kap. 2 des Buches nachlesen. Um die Transformation erfolgreich umzusetzen, braucht es als Unternehmer vor allem die Veränderungs- und Wandlungsfähigkeit, in der Perspektive, aber eben auch für die zukünftigen Entwicklungen, sowohl als persönliche Entwicklungsstärke als auch die Anpassungsfähigkeit des Unternehmens.

Die größte Hürde dabei ist, es zu *wollen*. Und als Unternehmenslenker müssen im ersten Schritt Sie selbst wollen. Kennen Sie den Spruch vom Dalai-Lama? „Wer will, findet Wege. Wer nicht will, findet Gründe." Wollen Sie, dass Ihr Unternehmen in den nächsten Jahren und Jahrzehnten weiterhin am Markt besteht und erfolgreich ist? Was sind Sie bereit, dafür zu tun? Was sind Sie bereit, dafür loszulassen?

Nur dann, wenn Sie selbst wollen und auch als Vorbild vorangehen, können Sie in weiteren Schritten auch alle ihre Mitarbeiter dafür begeistern und mitnehmen. Wenn Sie selbst bisher weniger Berührungspunkte mit den digitalen Tools hatten, können Sie sich das bereits in Kap. 1 genannte Generationenthema zunutze machen. Im Zeichen von „Tradition trifft Digitalisierung" tun sich die jüngeren Generationen mit den neuen Technologien grundsätzlich leichter, weil sie entweder damit aufgewachsen oder bereits in jungen Jahren damit in Berührung gekommen sind. Für die älteren Generationen ist die technologische Entwicklung viel aufwendiger nachzuvollziehen und zu erlernen, wenn sie sich nicht schon seit Jahren intensiver damit befasst haben.

Genau daraus ergeben sich aus meiner Sicht zwei Chancen: Als eine Möglichkeit, sich mit den technologischen Möglichkeiten auseinanderzusetzen und sie für alle ins Unternehmen zu implementieren, sehe ich, dass der Lernprozess im Unternehmen bei diesem Thema umgekehrt werden kann. Drehen Sie den Spieß um und lassen die jüngeren Generationen den älteren Generationen etwas beibringen.

Dazu eignen sich Lernzirkel in den Unternehmen: Ein guter Weg, die Bindung zwischen den Generationen zu stärken und alle Beteiligten aktiv in den Veränderungsprozess miteinzubeziehen, was die Veränderungsbereitschaft der Einzelnen erhöht.

Als weitere Möglichkeit eignen sich Digitalisierungsthemen auch sehr gut dafür, die Nachfolger im Unternehmen als ernstzunehmende Unternehmenslenker im Betrieb zu implementieren, vor allem wenn der Nachwuchs bereits als Kind die Eltern in den Betrieb begleitet hat und seitdem, vor allem den langjährigen Mitarbeitern, bekannt ist. Hier kann sich die jüngere Generation an neuen Prozessen und Angeboten austoben, das Unternehmen damit in ein neues Zeitalter führen und die Überlebensfähigkeit des Unternehmens langfristig sichern. Zusätzlich kann die nachfolgende Generation ihre Qualifikation unter Beweis stellen sowie sich als Führungskraft und zukünftiger strategischer Lenker positionieren, ohne dass sie bei jedem Handgriff mit dem Senior verglichen wird. Voraussetzung dafür ist, dass Sie als Unternehmenslenker die Digitalisierung als Geschäftsstrategie auf dem Tisch haben und das Digitalisierungsteam die volle Verantwortung bekommt und eigenständige Entscheidungen treffen kann.

Meiner Erfahrung nach ist es egal, wie traditionell das Unternehmen oder auch die Unternehmensführung ist, es gibt immer eine Möglichkeit, das Unternehmen digitaler aufzustellen. Ausschlaggebend ist es zu wollen und sich auf die neue Richtung einzulassen. Bevor wir in die konkreten Umsetzungsschritte gehen und ich Ihnen die einzelnen Veränderungsschritte näher erkläre, damit der Weg der digitalen Transformation gelingt, kommen im nächsten Schritt erst noch konkrete Beispiele von digitalen Tools und Produkten, die Sie kurzfristig in Ihrem Unternehmen nutzen können und die Ihnen den Arbeitsalltag erleichtern.

3.2 Konkrete Beispiele für mehr Technologie und digitale Produkte im Unternehmen

In Gesprächen mit Unternehmern erlebe ich es immer wieder, dass sie sich ja gerne digitaler aufstellen möchten, aber nicht wissen, wie sie das anstellen sollen. Da die Zeit für lange Recherchen fehlt, lassen sie dann einfach wieder die Finger davon oder verschieben die ganze Thematik. Deshalb finden Sie in diesem Abschnitt ganz konkrete Beispiele, wie Sie Ihre Unternehmensprozesse digitaler unterstützen können. Einige der Beispiele sind Anwendungen, die als Cloud-Angebote zur Verfügung gestellt werden. Das bedeutet, dass die Softwareanwendungen nicht als Produkt gekauft und auf dem eigenen Rechner installiert werden müssen. Stattdessen wird die Software in der sogenannten Cloud, auf die der Nutzer mit seinen Zugangsdaten zugreifen kann, zur Verfügung gestellt. So kann der Nutzer mit jedem internetfähigen Gerät die Software verwenden und darin arbeiten. Der große Vorteil dabei ist, dass die Abhängigkeit eines bestimmten Endgerätes wegfällt und von überall auf die Software zugegriffen werden kann, was ein ortsunabhängiges Arbeiten extrem erleichtert.

3.2.1 Die internen Prozesse digital unterstützen

Abrechnungssysteme
Die Buchhaltung lässt sich mittlerweile wunderbar über Cloud-Angebote abdecken. Dabei werden Dienstleistungen angeboten, von der Angebotserstellung über den Rechnungsversand inklusive Integration der Bankkonten, der

Buchhaltung sowie der Übermittlung der Daten, entweder an den Steuerberater oder auch direkt ans Finanzamt. Ein Beispiel dazu ist lexoffice. Für die Lohn- und Gehaltsabrechnung eignet sich z. B. Sage. Die Lösungen sind bereits jeweils für ein paar Euro im Monat erhältlich.

Kommunikation

Zur Erhöhung der internen Kommunikation und der übergreifenden und für alle relevanten Beteiligten sichtbaren Aufgaben- oder Projektinformationen lohnen sich Programme wie Slack, Trello oder Asana. Diese Angebote helfen dabei, dass alle Beteiligten immer auf dem gleichen Kenntnisstand sind. Dabei können sich die Teammitglieder ganz einfach über die Chatfunktion austauschen – ideal, wenn nicht immer jeder vor Ort im Unternehmen ist (z. B. bei Homeoffice oder externen Kundenterminen). Dazu können alle notwendigen Dokumente zentral im jeweiligen Projekt verwaltet werden und jeder hat jederzeit den aktuellen Stand immer dabei. Durch E-Mail-Benachrichtigungen weiß jeder sofort, wenn wieder eine Nachricht, ein Kommentar oder ein Dokument hinzugefügt wurde. Jedes der Angebote hat kostenlose Einsteigerversionen, um sie im Unternehmen in Ruhe testen zu können.

Drucksachen

Werden neue Visitenkarten oder Marketing- und Messematerialen benötigt, gibt es Onlinedruckereien, die nicht nur eine Auswahl vieler Vorlagen bieten, sondern auch bei der Designerstellung helfen. Hier bieten vistaprint oder flyeralarm gute Ergebnisse. Soll das Layout oder Design selbst erstellt werden, hilft Canva bei der Gestaltung unterschiedlicher Formate mit vielen, auch kostenlosen Vorlagen und Grafiken. Canva eignet sich auch für die Gestaltung von Postings für die diversen Social-Media-Kanäle.

Zeit- und Budget-Tracking

Ideal, um Zeit- und Projektbudgets zu planen, zu verwalten und zu monetarisieren. Dabei haben Sie die komplette zeitliche und monetäre Übersicht über Ihre Projekte, die Mitarbeiter können ihre benötigte Zeit (monetarisierbar oder nicht) direkt eintragen, die dann wiederum direkt als Abrechnung an die Kunden verschickt werden kann. Tickspot bietet dazu eine schlanke Lösung für KMUs an.

CRM-Systeme

Alle Kundendaten und Kundenereignisse werden in einer Customer-Relationship-Management (CRM) Datenbank verwaltet, auf die jeder Beteiligte zugreifen kann und durch die jeder jederzeit Kenntnisse über den aktuellen Stand bzgl. der Kunden hat. So kann die Betreuung der Kunden jeder übernehmen, der Zugriff auf die Datenbank hat, und bei Krankheit oder anderen Ausfällen ohne Informationsverluste nahtlos weiterhelfen. Die Datenbank dient auch als Wissenspool für neue Kollegen, ohne dass wichtige Informationen an bestimmten Personen im Unternehmen hängen. CentralStationCRM oder Hubspot eignen sich dabei sehr gut für KMUs.

Mehrere Module in einem System

Das bieten Scopeviso, webclapp (inklusive Warenwirtschaftssystem und E-Commerce) oder Sage. Ideal, wenn die Angebote aus einer Hand und nicht jedes digitale Tool von einem unterschiedlichen Hersteller sein sollen.

Recruiting

Eine App für einen professionellen Interviewprozess und eine schnelle und objektive Personalentscheidung sowie bald auch mit einem Bewerbermanagement speziell für KMUs bietet Valsys mit dem R.V.S-System. Damit hinterlassen vor allem kleine und mittelständische Unternehmen einen positiven Eindruck bei ihren potenziellen neuen Mitarbeitern.

Multi-Posting in Social Media

SocialPilot ist ein Tool, in dem alle Social-Media-Accounts verwaltet werden, mit der Option, Postings im Voraus zu planen. Damit können alle Aktivitäten in den sozialen Medien in einem Tool zentral bearbeitet werden, die Postings werden zum vorab eingestellten Zeitpunkt automatisch gepostet. Blog2Social ist speziell dafür geeignet, den eigenen Wordpress-Blog in den sozialen Medien zu vermarkten.

Cloud-Speicher

Wenn Sie Ihre Daten nicht mehr auf den eigenen Rechnern speichern und die Festplattenkapazität der eigenen Rechner beibehalten wollen, eignen sich Cloud-Speicher. Dazu gibt es neben den zahlungspflichtigen bereits einige kostenlose Speicherangebote [2] mit einem deutschen Server, was im Rahmen der DSGVO eine wichtige Rolle spielt, vor allem wenn Sie darauf personenbezogene Daten abspeichern möchten. Eine Übersicht möglicher Cloud-Speicher finden Sie unter dem Link im Literaturverzeichnis.

Eigener Vertrieb von Produkten und Bezahlsystemen

Um eigene Produkte direkt zu verkaufen, eignen sich eigene Onlineshops, die Nutzung von Kassensystemen für die Abrechnung der Produkte oder auch Dienstleister, über die Sie den Vertrieb Ihrer Produkte steuern können. Beispiele dafür sind Mollie als Bezahlanbieter, elopage für den Vertrieb von digitalen Produkten, Zugangsbereiche und Tickets oder Digistore24 für den Produktverkauf – oder auch Amazon Business, speziell für B2B-Geschäfte.

Die internen Prozesse können Sie mit den hier vorgestellten digitalen Tools auf schnelle und einfache Weise für das eigene Unternehmen einsetzen und nutzen. Die meisten davon sind so intuitiv aufgebaut, dass man sich leicht einarbeiten kann. Ich persönlich nutze einige davon in meinen Unternehmen und sie erleichtern mir die tägliche Arbeit.

Das war nun ein kurzer Ausflug in Produkte, die Ihnen den Arbeitsalltag im Unternehmen erleichtern können und sollen. Es geht jedoch nicht nur darum, andere Produkte für sich im eigenen Business zu nutzen, sondern selbst digitale Produkte zu kreieren.

Und genau das schauen wir uns im nächsten Schritt genauer an.

3.2.2 Wege zu neuen digitalen Produkten

Neue Produkte entstehen, wenn im Unternehmen neu gedacht wird. Genau das ist nicht immer so einfach, weil wir mit unserem Tagesgeschäft wie der Abwicklung von Kundenprojekten, dem Schreiben neuer Angebote, Abrechnungen, Buchhaltung usw. zumeist gut ausgelastet sind. Um neue Ideen zu kreieren, braucht es einen freien Kopf, idealerweise außerhalb des typischen Tagesgeschehens. Um nun die digitale Transformation ins eigene Unternehmen zu bringen, braucht es sogar noch zusätzlich neue Denk- und Handlungsweisen. Das funktioniert nicht mit den bisherigen Vorgehensweisen, sonst dreht man sich immer wieder im eigenen Saft und es werden zumeist die bisherigen Prozesse einfach nur digitalisiert. Also braucht es neue Helferlein, wie Innovationstechniken oder ein Wechsel in die Perspektive der Kundenbrille, auch Customer Journey genannt.

3.2.2.1 Customer Journey

Die Customer Journey ist ein Tool aus dem Marketing und bildet jeden einzelnen Prozessschritt ab, den der Kunde vor der Kaufentscheidung und danach erlebt. Die einzelnen Schritte werden in einer sogenannten Customer Journey Map detailliert aufgeschrieben, wobei man sich überlegt, wie der Kunde diese einzelnen Schritte aus den unterschied-lichen Perspektiven erleben soll. Dieser Prozess hilft dabei, das Kundenerlebnis besser zu verstehen, und zeigt auf, was der Kunde wirklich braucht und was in der Prozesskette oder beim Produktangebot noch fehlt. Am besten denkt man dabei wirklich nur aus der Kundensicht und macht damit den Kauf des Kunden zum Erlebnis. Je mehr Sie den Kunden in die einzelnen Erlebnisschritte einbeziehen, umso stärker machen Sie das Unternehmen zum Magneten und binden den Kunden mit jedem Schritt mehr an Ihr Produkt oder Ihr Unternehmen.

Aufgesang [3] hat in Anlehnung an das klassische Customer-Journey-Modell sieben Schritte definiert, die der Kunde dabei durchläuft (vgl. Abb. 3.1).

Sorgen Sie in jedem der Schritte für Berührungspunkte mit dem Kunden und überlegen Sie, wo und in welcher Form der Kunde das Produkt oder das Unternehmen wahr-nehmen soll.

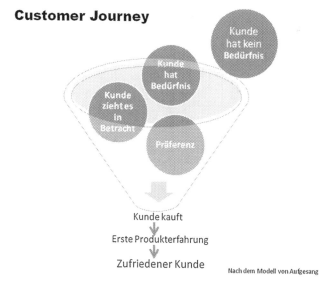

Abb. 3.1   Customer Journey

Beispiele für Berührungspunkte in den einzelnen Prozessschritten:

1. **Pre-Awareness:** Website, Shop, Onlineshop, Online- und Offlinewerbung durch Werbeanzeigen, Postings, Beiträge (Blog, Zeitung, Radio, Fernsehen), Messen und Ausstellungen, Vorträge etc.
2. **Awareness:** siehe Pre-Awareness zzgl. Beiträge auf fachspezifischen Themenseiten, hohes Google-Ranking bei Onlinesuchen, viele Verlinkungen und Backlinks, Erwähnungen in Produkttests
3. **Consideration:** siehe Awareness zzgl. Erwähnungen des Produkts oder des Angebots in anderen (Blog-)Beiträgen, Referenzen, positive Kundenbewertungen
4. **Preference:** siehe Consideration sowie ansprechende und für Kunden aussagekräftige Produkt- oder Angebotsbeschreibung
5. **Purchase:** einfache und unkomplizierte Kaufabwicklung in wenigen Schritten, klares Kaufversprechen (der Kunde erfährt keine Überraschungen im Nachgang) mit allen relevanten Informationen über den Kaufinhalt (was ist mit dem Kauf tatsächlich alles abgedeckt?), Informationen zu Kündigungsmöglichkeiten bei Abomodellen etc.
6. **After-Sales:** einwandfreies Produkt, schnelle Lieferung bei Versand, schnelle Serviceleistungen, schnelle Reklamationsbearbeitung, Erreichbarkeit (E-Mail, Chat, Telefon), Transparenz, wenn etwas schieflaufen sollte, angenehmes Kundengefühl vor Ort (z. B. Getränke, Sitzmöglichkeiten)
7. **Loyalty:** Kontakte zum Kunden halten, regelmäßige Angebote schicken (Einverständnis vorausgesetzt), Bedürfnisse immer wieder neu erfragen, Reklamationen und Wünsche ernst nehmen und in die eigene Produkt- oder Angebotsentwicklung mit einfließen lassen

Bei der Customer Journey kommt es wirklich darauf an, dass Sie komplett in die Rolle des Kunden hineinschlüpfen und jeden einzelnen Prozessschritt für sich beschreiben, wie ihn der Kunde im Einzelnen erleben soll. Achten Sie dabei insbesondere auf die Kleinigkeiten, mit denen der Kunde in Berührung kommt. Nehmen Sie dabei nicht Ihr Produkt in den Mittelpunkt, sondern lösen Sie das Problem des Kunden und stellen dabei fest, welches Produkt oder welcher Service tatsächlich relevant ist. Wenn Sie alle Prozessschritte für sich durchlaufen und definiert haben, was Sie für die Kundenlösung genau benötigen, kreieren Sie Ihr Angebot oder verfeinern das bestehende Produkt- oder Dienstleistungsangebot, bis Sie dem Kunden ein optimales Kundenerlebnis bieten können.

3.2.2.2 Kreativitäts- und Innovationstechniken

Sollen nun komplett neue digitale Produkte und Anwendungen entstehen, braucht es vor allem Freiräume und eine offene und aufgeschlossene Haltung, um möglichst frei und kreativ denken zu können. Dabei ist es wichtig, alle bisherigen und typischen Herangehensweisen auszublenden, vor allem wenn gedanklich der Einspruch kommt: „das gibt es in der Form nicht", „das macht keiner so", „das wird in der Art sowieso nicht funktionieren" etc. Diese Gedanken schränken Sie ein.

In dem Schritt geht es darum, alle Gedanken und Möglichkeiten zuzulassen, egal ob sie sinnig oder unsinnig erscheinen. Eine Bewertung hat in diesem Prozessschritt nichts zu suchen, die Prüfung auf Machbarkeit folgt später.

Eine Möglichkeit dafür ist die Walt-Disney-Strategie von Robert B. Dilts, der mit drei Charakteren ein Rollenspiel entwickelt hat, in dem drei Haltungen zu einer Themenstellung eingenommen werden [4].

Walt-Disney-Strategie

Die Methode eignet sich vor allem, wenn ein Thema aus unterschiedlichen Perspektiven betrachtet werden soll, um neue Lösungen zu finden. Nutzen Sie dazu, wenn möglich, drei unterschiedliche Räumlichkeiten. Idealerweise gibt es einen Moderator, der Sie durch den Prozess führt, sodass sich die Beteiligten komplett auf das eigentliche Geschehen konzentrieren können und keine Rücksicht auf die Methodik nehmen müssen.

Charakter 1 – Der Träumer: Hier dürfen Sie alles denken, herumspinnen und aufschreiben bzw. aufschreiben lassen, was in der Phase an Ideen und Gedanken entwickelt wird. Alles ist erlaubt. Bitte keine Bewertungen, die haben in dieser Phase nichts zu suchen.

Hilfreiche Fragen dabei sind:

* Wenn alles erreicht ist, wie würde es dann aussehen?
* Wie sieht das Idealbild aus?
* Was wäre völlig verrückt und irrsinnig?

Charakter 2 – Der Macher: Hier wird überlegt, welche der vorher angesprochenen Ideen und Gedanken umsetzbar sind und welche (Hilfs-)Mittel dazu benötigt werden. Die daraus entstehenden Ideen werden wiederum zusammengesammelt.

Hilfreiche Fragen dabei sind:

* Was brauchen wir für die Umsetzung?
* Welche Informationen fehlen noch?
* Wer oder was könnte uns dabei helfen oder die Umsetzung übernehmen?

Charakter 3 – Der Kritiker: Jetzt dürfen Sie Ihre besten Ideen aus der zweiten Runde kritisch hinterfragen und Ihre Zweifel, Ängste und Anmerkungen loswerden.

Hilfreiche Fragen dabei sind:

* Was wurde übersehen?
* Was kann dabei nicht funktionieren?
* Welche Risiken gibt es?
* Welche Schwächen gibt es?

Pro Runde sind ca. 20 Minuten ideal. Jeden der Prozessschritte können Sie mehrmals durchlaufen, so lange, bis Sie ihr gewünschtes Ergebnis erreichen. Wichtig ist, dass Sie immer eine komplette Runde mit allen drei Prozessschritten durchführen, bevor Sie wieder von vorne beginnen.

Weitere Techniken zur Innovationsfindung
Provokationstechnik

Bei der Provokationstechnik [5] arbeiten Sie bewusst mit Provokationen, die zum Perspektivenwechsel anstoßen. Provokationen können z. B. Verfälschungen, Umkehrungen, Idealfälle, Übertreibungen und Aufhebung von Annahmen sein. Dabei sammeln Sie im ersten Schritt alles zusammen, was beobachtbar ist, wandeln diese Beobachtungen in Provokationen um und entwickeln daraus Ideen für neue Lösungen.

Kopfstandmethode

Die Kopfstandmethode [6] eignet sich sehr gut dafür, die Betriebsblindheit im Unternehmen aufzuheben. Bei dieser Technik werden Gegebenheiten einfach umgekehrt oder eben auf den Kopf gestellt. Ein bekanntes Beispiel dafür ist das Joghurtbeispiel.

Joghurtbeispiel

* Ausgangsfrage: Wie können wir unseren Joghurt verbessern?
* Umkehrung: Wie können wir unseren Joghurt verschlechtern?

Nun werden Ideen gesammelt, was alles getan werden kann, um den Joghurt ungenießbar oder schlecht zu machen, z. B.:

* saure Milch verwenden,
* versalzen,
* vergiften.

Im nächsten Schritt geht es darum, aus diesen „schlechten" Methoden neue Ideen zu entwickeln:

* aus dem Vorschlag, den Joghurt zu vergiften: Vitamine beimengen.

Grundsätzlich gibt es für jede innovative Fragestellung mehrere Kreativitäts- und Innovationstechniken, die bei der Ideenfindung hilfreich sein können. Dabei sollte man sich nicht nur auf eine Methode versteifen, sondern flexibel auf die jeweiligen Fortschritte und Zielrichtungen reagieren.

Zusätzlich kann es sehr hilfreich sein, sich von Externen durch den Kreativitätsprozess begleiten zu lassen, da sie nicht in die bisherigen Prozesse und (Produkt-)Angebote involviert sind und Fragen stellen, die Sie sich sehr wahrscheinlich schon lange nicht mehr gestellt haben, weil Ihnen die Hintergründe in Fleisch und Blut übergegangen und somit selbstverständlich für Sie sind. Des Weiteren können Sie sich mithilfe der externen Unterstützung komplett auf den kreativen Prozess konzentrieren und müssen nicht zusätzlich noch darauf achten, die einzelnen Prozessschritte umzusetzen und zu einem Ergebnis zu kommen.

Grundsätzlich ist bei den kreativen Prozessen wichtig, dass Sie sich und Ihrem Team erlauben, frei zu denken und auch wirklich aktiv zu werden. Das ist der häufigste Knackpunkt, warum Innovationen oder innovative Gedanken scheitern.

Außerdem gibt es häufig noch einen weiteren Punkt im Verlauf des Veränderungsprozesses, der über den Erfolg oder Misserfolg der Neuerung entscheidet. Mehr dazu im übernächsten Abschnitt, wenn es um die „Change-Kurve" geht. Aber zunächst beleuchten wir noch sieben Schritte, die Sie und Ihr Team dabei unterstützen, mehr Digitalisierung ins Unternehmen zu bringen und einzuführen.

3.3 Sieben Schritte zu mehr Digitalisierung in Ihrem Unternehmen

Wir werden immer konkreter. Um die Digitalisierung im Unternehmen einzuführen oder weiter auszubauen, braucht es mehr als die Auswahl von geeigneten Technologien, die dann im Unternehmen eingesetzt werden sollen. Die Einführung der Digitalisierung oder anderer neuer Stoßrichtungen im Unternehmen muss ganzheitlich betrachtet werden. Für eine leichtere Umsetzung möchte ich Ihnen das von mir entwickelte Digitalisierungsmodell DIGMO vorstellen. Das DIGMO zeigt die 7 Prozessschritte und hilft Ihnen zu mehr Digitalisierung im Unternehmen (vgl. Abb. 3.2).

DIGMO

© kmu.world

Abb. 3.2 Prozessschritte Digitalisierung

Schritt 1: Richten Sie sich und Ihr Mindset auf die Zukunft aus, mit der Digitalisierung als festem Bestandteil

Der wichtigste Bestandteil in der Einführung von mehr Technologien im Unternehmen sind Sie selbst. Solange Sie selbst nicht davon überzeugt sind und keinen Sinn und Erfolg versprechenden Weg in der Digitalisierung sehen, wird langfristig und nachhaltig nichts passieren. Deshalb können Sie das Thema nicht komplett ignorieren und es an die nächste Generation abgeben. Die Umsetzung selbst können selbstverständlich andere Beteiligte vornehmen. Die Stoßrichtung und die Initialzündung müssen in jedem Fall von Ihnen kommen. Denn ansonsten entstehen neugierige Strohfeuer, die schnell wieder verlodern. Befassen Sie sich mit dem Thema. Lesen Sie Studien und Bücher, lernen Sie von Beispielen anderer Unternehmen, die bereits einen Schritt weiter sind als Sie. Gehen Sie auf Messen und lassen Sie sich konkrete Produkte und Angebote zeigen, um zu sehen, was schon alles möglich ist. Lesen Sie Zukunftsreports und befassen Sie sich mit den Trends der Zukunftsforscher. Konzentrieren Sie sich dabei nicht nur auf Ihre eigene Branche, sondern schauen Sie über den Tellerrand hinaus. Was passiert in anderen Bereichen? Welche Startups werden gegründet? Welche neuen Ideen kommen auf den Markt?

Fangen Sie Feuer. Werden Sie zu Ihrem eigenen Motivator und stecken Sie andere damit an.

Schritt 2: Träumen Sie, was das Zeug hält!

Schreiben Sie alle Ideen und Gedanken auf, die Ihnen während der Recherche zu den neuen Themen einfallen. Und bitte keine Einschränkungen, egal wie irrsinnig das Hirngespinst sein mag! Jetzt ist alles erlaubt. Tragen Sie auch im Team alles zusammen und halten Sie die Punkte einfach fest. Das ist ein laufender Prozess, sodass sich dafür eine Ideentafel eignet, die für alle zugänglich und sichtbar ist.

Schritt 3: Vision festlegen

Kreieren Sie aus Ihren Ideen und Vorschlägen Ihre künftige Vision. Beschreiben Sie Ihr Zielbild, wie Ihr Unternehmen in 20 bis 30 Jahren aussehen soll. Beschäftigen Sie sich dabei auch mit Ihrem „Why" – also: *Warum* tun Sie mit Ihrem Unternehmen in 20 bis 30 Jahren, was Sie tun? Konzentrieren Sie sich dabei nicht auf das *Was*, sondern erst einmal nur auf das *Warum* – Ihre Motivation, die Sie dazu antreibt [7].

Kennen Sie Ihre wahre Motivation, lässt sie Sie Berge versetzen und Unmögliches möglich machen. Sie hilft Ihnen dabei, in anstrengenden oder aussichtslosen Zeiten durchzuhalten. Kleiner Tipp am Rande: Das Gleiche passiert auch, wenn Sie das Prinzip der Motivation bei Ihren Mitarbeitern anwenden.

Überlegen Sie dabei:

* Auf was wollen Sie selbst einmal zurückblicken?
* Was wollen Sie Ihren Enkeln einmal über Ihr Unternehmen und Ihre Unternehmensgeschichte erzählen?
* Warum ist Ihnen dieses Bild wichtig? Was treibt Sie dazu an?

Schreiben Sie auch diese Punkte wieder auf. Und dann beschreiben Sie die Vision für Ihr Unternehmen in einem Satz, sodass es für Laien ganz leicht verständlich ist. Als Beispiel die Vision von Amazon [8]: „*Our vision is to be earth's most customer centric company; to build a place where people can come to find and discover anything they might want to buy online.*"

Genauso einfach und leicht soll auch Ihre Vision klingen.

Schritt 4: Eigenen Status quo aufstellen

Fangen Sie bei sich selbst an. Wo stehen Sie als Person und welches Wissen brauchen Sie noch, um die neue Marschrichtung umzusetzen? Stellen Sie als Nächstes fest, wie sich die Prozesse verändern müssen, damit Sie zu der neuen Vision und dem neuen Angebot passen. Wo stehen Ihre Mitarbeiter aktuell und welche Kenntnisse und Fähigkeiten bringen Sie dafür auch mit?

Nehmen Sie dabei Ihr Unternehmen unter die Lupe, sowohl die Prozesse als auch die Mitarbeiter. Dabei geht es nicht darum, den aktuellen Status quo bis ins Kleinste zu erfassen, sondern sich zu überlegen: Welche Prozesse und Methoden helfen Ihnen bereits die neue Ausrichtung umzusetzen und was müssen Sie für Ihr Unternehmen neu definieren?

Bevor Sie das jedoch in Einzelarbeit machen, finden Sie heraus, welche Mitstreiter zum Thema Digitalisierung es bereits in Ihrem Unternehmen gibt. Wer hat noch Interesse daran und bringt vielleicht auch schon (erste) Kenntnisse mit? Ziehen Sie die Person(en) so früh wie möglich mit ins Boot und lassen Sie sie an Ihren Gedanken teilhaben. Verteilen Sie sogar hier schon die ersten Aufgaben der Recherche.

Wenn Sie Ihr Unternehmen unter die Lupe nehmen, schreiben Sie alles zusammen, was Ihre künftigen Angebote in Ihrem Unternehmen beinhalten und mit welchen Prozessen Sie die Aufgaben umsetzen werden. Wie sollen dabei die künftigen Kommunikationsflüsse aussehen?

Notieren Sie Ihre Erkenntnisse gemeinsam auf ein großes Blatt Papier, einen Flipchart oder eine Pinnwand. Damit haben Sie alles im Überblick und Sie sehen jederzeit das große Ganze.

Schritt 5: Ziele festlegen

Im nächsten Schritt geht es darum, das Soll zu festigen und mit klaren Zielen – langfristig, mittelfristig und kurzfristig – zu untermauern. Die Ziele helfen dabei, am Ball zu bleiben und immer wieder auch zu korrigieren, falls die gewünschten Ergebnisse nicht erreicht werden.

Da die Erfolge im Bereich der Digitalisierung noch nicht in Stein gemeißelt sind, hilft hier auch eine agile Vorgehensweise. Änderungen im Prozess sind erlaubt. Die Zeit dreht sich so schnell und die Entwicklungen schreiten sehr dynamisch voran, sodass sich auf dem Weg der Umsetzung Dinge ändern können und auch dürfen. Daher sind regelmäßige Feedbackschleifen auch so wichtig, für den eigenen Fortschritt, aber auch für das Team.

Gute Zielabstände sind Siebenjahresziele, Dreijahresziele, Jahresziele, Quartalsziele und Monatsziele und entsprechend auch die Berücksichtigung in den jeweiligen Feedbackschleifen.

Schritt 6: Maßnahmen aufstellen

Aus den Zielen werden für jeden Beteiligten einzelne Aufgabenpakete geschnürt und im Team entsprechend verteilt, inklusive der Verantwortung dazu. Das kann auch in Zusammenarbeit mit dem Team geschehen, was den Vorteil bringt, dass die Mitarbeiter direkt mit dabei sind und mitgestalten. Das spart Begeisterungs- und Motivationsarbeit für die neuen Angebote. Dazu können die bereits vorgestellten Projektmanagementtools, wie Asana, Trello oder Slack, optimal genutzt werden und alle Beteiligten kennen den jeweils aktuellen Stand und sind aktiv mit dabei.

Schritt 7: Umsetzen!
Tun, tun, tun, jeden Tag aufs Neue. Dranbleiben und regelmäßige Feedbackschleifen durchführen. Wenn nötig, Kurskorrekturen vornehmen und die jeweiligen Learnings aus dem letzten Zeitabschnitt mit einbauen.

3.4   Sich selbst und das eigene Team in der Transformation mitnehmen

Nun haben wir es fast geschafft. Wir haben mit Innovationstechniken und dem Blick durch die Kundenbrille bereits neue Produkte kreiert und lassen uns von anderen digitalen Tools bei unseren Prozessen unterstützen. Dazu hilft uns das DIGMO, die direkte Umsetzung unserer neuen Stoßrichtung konkret durchzuführen und auch dranzubleiben. Jetzt fehlt nur noch eins, und zwar uns Unternehmer selbst und auch die Mitarbeiter für die Veränderung fit zu machen, damit die Neuausrichtung tatsächlich funktionieren kann.

Denn die beschriebenen Schritte ziehen Veränderungen nach sich. Für Veränderungen ist unser menschliches System erst einmal nicht gerüstet, weil es, wie bereits erwähnt, alles dafür tut, uns in unserer eigenen Komfortzone zu halten.

Und doch gehören Veränderungsbereitschaft und -fähigkeit in der heutigen und künftigen Zeit zu den wichtigsten Eigenschaften, die wir brauchen, um von den Entwicklungen nicht überrollt zu werden.

Grundsätzlich hat jeder die Fähigkeit sich zu verändern, jeder Einzelne von uns beweist das jeden Tag aufs Neue. Dazu zählen auch alltägliche und für viele banale Dinge, wie beispielsweise sich im Restaurant für ein anderes Gericht zu entscheiden, wenn das Lieblingsgericht gerade nicht im Angebot ist.

Mit jeder Veränderung wird die sogenannte Change-Kurve angestoßen, die man in sieben Schritten durchläuft [9]. Am Beispiel des Lieblingsgerichts im Restaurant würde das wie folgt aussehen (vgl. auch Abb. 3.3):

* **Erster Schritt**: Schock. Das Lieblingsgericht steht nicht auf der Karte!
* **Zweiter Schritt**: Verneinung. Das gibt es doch jetzt nicht.
* **Dritter Schritt**: Wut/Ärger. Was ist denn das für ein Restaurant, das mein Lieblingsgericht von der Karte nimmt? Ich hatte so eine Lust auf dieses Gericht!
* **Vierter Schritt**: Tal der Tränen. Ich mag doch sonst nichts anderes. Was soll ich jetzt nur essen?
* **Fünfter Schritt**: Erkennen. Eigentlich esse ich eh immer das Gleiche. Vielleicht ist jetzt die Chance, endlich mal etwas Neues auszuprobieren. Vielleicht sollte ich die Karte noch einmal in Ruhe durchgehen.

CHANGE-KURVE

Abb. 3.3 Change-Kurve

* **Sechster Schritt**: Ausprobieren. Das Gericht Nr. 25 klingt gut. Ich probiere es aus. Wollte ich sowieso schon lange einmal machen.
* **Siebter Schritt**: Integration. Das Essen war wirklich lecker. Das sollte ich öfters in meine Auswahl an Gerichten nehmen. Und hätte es nicht so gut geschmeckt, hätte ich trotzdem endlich die Erfahrung gemacht.

Das Durchlaufen der einzelnen Schritte an sich ist immer gleich. Erst, wenn alle durchlaufen sind, haben wir die Veränderung auch erfolgreich abgeschlossen. Unterschiedlich ist nur die Zeit, die wir dafür benötigen. Manche Veränderungen durchlaufen wir in Millisekunden, andere dauern Minuten, Stunden, Tage, Wochen, Monate oder sogar Jahre. Das hängt immer davon ab, wie schwer die Veränderung für uns als Individuum ist. Jeder kann sein Veränderungsverhalten selbst beeinflussen, je nachdem, wie sehr er sich auf das Zielbild konzentriert und sich nicht im Tal der Tränen hängen lässt.

Der Knackpunkt liegt im Durchlauf des Tals der Tränen. Hier werden die inneren Widerstände am stärksten, denn unser eigenes System merkt, dass wir tatsächlich etwas verändern wollen. Wie schon erwähnt, ist unser System jedoch darauf ausgelegt, uns in dem bekannten Zustand zu halten, egal wie schlecht der auch für einen persönlich sein mag.

An diesem Punkt fallen viele immer wieder in ihre gewohnten Muster zurück, weil das menschliche System mit aller Kraft den ursprünglichen Zustand, also die alte Komfortzone, wiederherzustellen versucht. Das merkt man selbst am besten daran, dass in dieser Phase die Zweifel und Ängste am allergrößten sind. Wenn man aber standhält und die Zweifel, Unsicherheiten und Ängste anerkennt, aushält und trotzdem den neu eingeschlagenen Weg weitergeht und auf das Ziel hinarbeitet, stellt sich auch der Erfolg ein und die Veränderung wird machbar.

Das Prinzip der Change-Kurve trifft für jeden von uns zu, also auch für die eigenen Mitarbeiter. Nimmt man dieses Wissen an, erkennt man, dass es ganz normal ist, dass es Personen gibt, die positiv auf Neuigkeiten reagieren, weil sie die innere Veränderung sehr schnell durchlaufen und vielleicht auch schon darauf gewartet haben. Andere durchlaufen erst einmal die ersten drei Phasen der Veränderung, die sich dann in Unmut ausdrücken. Das bedeutet aber nicht, dass die Personen nicht veränderungsbereit sind. Sie brauchen nur eine andere Unterstützung als diejenigen, die sehr schnell, sehr positiv auf die neuen Entwicklungen reagieren. In den ersten Phasen ist es wichtig, sich die Sorgen und Ängste anzuhören, diese aufzunehmen und vor allem Verständnis zu zeigen. Hier bringt es noch nichts, die Menschen auf Biegen und Brechen von der neuen Idee zu überzeugen und am besten noch mit einer gigantischen Show. Das effektivste Vorgehen ist, mit den Menschen konkret zu sprechen, das Vorhaben darzulegen und dann die Menschen auf ihre Art und Weise reagieren zu lassen und die Veränderung ernst zu nehmen.

Zu bedenken ist auch, dass die eigene Veränderungskurve bereits durchlaufen ist. Sie als Person sind bereits überzeugt, den gleichen Prozess gilt es auch den Mitarbeitern zuzugestehen. Neben dem Ernstnehmen der persönlichen Befindlichkeiten jedes Einzelnen ist es auch wichtig, allen das Zielbild immer wieder vor Augen zu führen, idealerweise auf einem großen Bild, dass im Unternehmen/in der Abteilung (je nachdem, wo die Veränderung stattfinden soll) aufgehängt wird. Das hilft dabei, die Change-Kurve am kritischsten Punkt positiv zu unterstützen. Machen sie dabei auch klar, warum diese Veränderung stattfinden soll und welchen Nutzen sie für jeden einzelnen Beteiligten haben wird.

Desto besser Sie dabei Ihre Mitarbeiter kennen und auch wissen, was jeden einzelnen von ihnen antreibt, umso individueller können Sie die Argumente für den Nutzen gestalten.

Sie haben dabei mehrere Möglichkeiten, die Motivation Ihrer Mitarbeiter herauszufinden. Zwei Methoden stelle ich Ihnen im Folgenden in einem kurzen Abriss vor.

Als einfachste Möglichkeit, die nur Ihre Zeit in Anspruch nimmt, ist der regelmäßige Austausch mit Ihren Mitarbeitern. Damit ist nicht nur die Kommunikation über die Aufgaben im Betrieb gemeint – zeigen Sie ein wirkliches Interesse am Menschen selbst. Welche Dinge interessieren die Person? Was sind aktuelle private und persönliche Herausforderungen? Welche Träume und Ziele hat die Person? Was will sie in ihrem Leben (beruflich und privat) noch erreichen? Versuchen Sie, die Person kennenzulernen. Überlegen Sie auch, wobei Sie die jeweiligen Mitarbeiter aus Ihrer Position heraus unterstützen können. Nehmen Sie sich hierfür regelmäßig Zeit. Ein gemeinsamer Kaffee muss einfach machbar sein.

Eine zweite Möglichkeit sind Persönlichkeitsanalysen, wie z. B. das Reiss-Profil® vom gleichnamigen Steven Reiss [10]. Reiss hat sechzehn Lebensmotive identifiziert, die uns Menschen grundsätzlich antreiben. Diese Motive sind bei jedem von uns unterschiedlich stark ausgeprägt und zeigen auf, was uns im Leben guttut und uns zufrieden stellt, wenn wir die Motive in unser Leben integrieren können. Sie helfen uns aber auch zu erkennen, was uns ausbremst, wenn Lebensmotive nicht gelebt werden können oder aufgrund unserer Lebenssituation gehemmt werden. Wissen Sie um die Motivatoren Ihrer Mitarbeiter, können Sie sie entsprechend berücksichtigen und bei Veränderungsthematiken nutzbringend einsetzen.

Kommen wir noch einmal zurück zur Change-Kurve. Prinzipiell durchlaufen wir Change-Kurven mit jedem neuen Anstoß, jeder Idee, jedem neuen Gedanken, ob aus eigenem Antrieb heraus oder weil wir von jemand anderem dazu gebracht werden. Wir durchlaufen auch nie nur eine einzelne Kurve, sondern zig Change-Kurven gleichzeitig. Manche bemerken wir gar nicht und andere beschäftigen uns intensiver.

Der Weg zum erfolgreichen Change

Wenn Sie Ihre Mannschaft auf die digitale Reise mitnehmen möchten, gehen Sie in bedachten Schritten vor und definieren Sie sich Pilotprojekte. Nehmen Sie hierzu diejenigen mit, die richtig Lust auf die neuen Themen und Ausrichtungen haben, und gehen Sie zusammen auf Entdeckungs- und Erprobungsreise. Fehler sind dabei erlaubt. Schaffen Sie Erfolgsmomente und kommunizieren Sie diese in Ihrem Unternehmen. Lassen Sie diejenigen, die sich dafür interessieren, aber noch zögerlich sind, sich ausprobieren und zeigen Sie wiederum den Nutzen auf. Holen Sie sich zudem die einflussreichste Person der Mannschaft in Ihr Pilotgruppenteam und lassen Sie die Person immer wieder davon berichten. Die restlichen Mitarbeiter werden dann Schritt für Schritt folgen. Wichtig ist, dass Sie nicht versuchen, die Zögerlichen und auch die Gegenstimmen auf Biegen und Brechen zu überzeugen oder aber sie auszuschließen und als nicht veränderungsbereit abzutun. Helfen Sie Ihnen vielmehr, die Vorteile und Nutzen für sich selbst und die Firma zu erkennen, und unterstützen Sie sie dabei, das Tal der Tränen so schnell und gut wie möglich zu überwinden. Das klappt jedoch nur, wenn Sie als Unternehmer nicht ständig in dem Tagesgeschäft eingebunden sind, sondern den Freiraum haben, sich mit Ihren Mitarbeitern zu befassen.

Holen Sie sich, wenn nötig, auch gerne externe Unterstützung, die Sie und Ihr Team moderierend durch den Veränderungsprozess begleitet. Dafür benötigt es nicht immer gleich Unmengen an Zeit oder Geld. Oftmals reichen auch drei bis fünf Begleittermine aus, um der Veränderung den nächsten notwendigen Anstoß und mögliche Kurskorrekturen zu geben.

Fazit

Der Schritt zu mehr Digitalisierung im Unternehmen ist machbar. Im ersten Schritt muss man es vor allem wollen. Wenn man sich dann dafür entscheidet, bedeutet das, dass sich im Unternehmen einiges anpassen muss: Es führt zu Veränderungen des Mindset, der Denkweise, der Haltung, der Prozesse, der Art der Zusammenarbeit und damit auch der ganzen Unternehmenskultur.

Wichtig ist, sich dafür zu entscheiden und dann Schritt für Schritt nach vorne zu gehen, zusammen mit den Mitarbeitern. Veränderungen sind für alle machbar. Die Phasen der Change-Kurve helfen dabei, die Fortschritte jedes Einzelnen während der Veränderungsphase besser zu verstehen und auch gezielt Unterstützung zu geben.

Zudem wissen Sie, in welchen Bereichen Digitalisierung möglich ist, und die einzelnen Beispiele dazu helfen Ihnen, die ersten und/oder nächsten Schritte zu gehen. Aber bitte nicht alles auf einmal angehen! Erst einzelne Projekte umsetzen und Erfolge feiern. Dann folgen die nächsten Schritte und Projekte. Trotzdem braucht es vorab eine Gesamtstrategie, um Ihr Zielbild zu sehen, auf das Sie dann Schritt für Schritt zugehen können. Überlegen Sie dazu: Wo wollen Sie in einem, in fünf oder eben auch in zehn Jahren mit Ihrem Business stehen? Wie sieht das Konstrukt zu diesen jeweiligen Zeitpunkten in der Zukunft aus?

Die Kreativitäts- und Innovationstechniken als Beispiele von vielen Möglichkeiten unterstützen Sie bei dem Finden von neuen Produkten und Angebotsmöglichkeiten. Legen Sie los! Wenn nicht jetzt, wann dann?

Als kleine Motivation zeige ich Ihnen im nächsten Kapitel noch erfolgreich umgesetzte Beispiele von Unternehmen, die den Weg der Digitalisierung schon beschritten haben, entweder durch Umgestaltung ihrer internen Prozesse, die sie effektiver machen, oder durch eigene digitale Angebote – oder sogar beides. Lassen Sie sich inspirieren!

Literatur

1. Merath, S. (2013). *Der Weg zum erfolgreichen Unternehmer.* Offenbach: GABAL GmbH.
2. Dirscherl, H.-C. (2019). Die besten kostenlosen Cloud-Speicher in Deutschland (Schweiz) (18. Juni 2019). https://www.pcwelt.de/ratgeber/Onlinespeicher-ohne-NSA-Die-besten-kostenlosen-Cloudspeicher-in-Deutschland-Schweiz-9829982.html. Zugegriffen am 25.04.2019.
3. Aufgesang, Was ist die Customer Journey. https://www.sem-deutschland.de/inbound-marketing-agentur/online-marketing-glossar/customer-journey/. Zugegriffen am 27.04.2019.
4. Dilts, R. B. (1994). *Strategies of genius.* Vol. 1: Aristotle, Sir Arthur Conan Doyle/Sherlock Holmes, Walt Disney, Wolfgang Amadeus Mozart (Taschenbuch) (1. Dezember 1994). Meta Publications, U.S.
5. Horton, G. Ideen finden mit der Provokationstechnik. http://www.zephram.de/blog/ideenfindung/provokationstechnik-ideen-finden/. Zugegriffen am 27.04.2019.
6. Horton, G. Ideen finden mit der Kopfstandtechnik. http://www.zephram.de/blog/ideenfindung/ideen-finden-kopfstandtechnik/. Zugegriffen am 27.04.2019.
7. Sinek, S. (2014). *Frag immer erst: warum: Wie Top-Firmen und Führungskräfte zum Erfolg inspirieren.* München: Redline.

8. Hull, P. (2012). Be Visionary. Think Big (19. Dezember 2012).   https://www.forbes.com/sites/patrickhull/2012/12/19/be-visionary-think-big/. Zugegriffen am 28.04.2019.

9. Forster, N. (2014). *Im Zug der gelungenen Veränderungen.* Berlin: Epubli GmbH.

10. RMP Germany. Reiss Motivation Profile®. https://www.rmp-germany.com/reiss-motivation-profile/#start. Zugegriffen am 28.04.2019.

4

Beispiele von Digital Hidden Champions

Wir lernen am besten immer noch von anderen, die den Weg bereits gegangen sind. Um Sie daher noch weiter anzustacheln, den Schritt in Richtung digitale Zukunft mit Ihrem Unternehmen zu wagen, habe ich Ihnen ein paar Beispiele von Firmen zusammengestellt, die sich bereits auf die digitale Reise gemacht und erste Ansätze erfolgreich umgesetzt haben. Lassen Sie sich von den Vorreitern inspirieren.

IDS-Logistik: Digitalisierung der kompletten Lieferkette
IDS-Logistik [1] beliefert Firmen- und Privathaushalte. Die Herausforderungen dabei: schnelle Lieferungen, idealerweise am nächsten Tag, sowie vollständige und transparente Sendeverfolgung der Pakete. Dazu mussten die Fahrer und Fahrzeuge komplett digital vernetzt werden. Doch bei den ersten digitalen Vernetzungen gab es immer wieder Probleme mit der Verbindung durch Funklöcher und Serverausfälle. Heute besitzen alle Fahrer elektronische

© Springer Fachmedien Wiesbaden GmbH, ein Teil von Springer Nature 2019
N. Forster, *Hidden Digital Champions*, Fit for Future,
https://doi.org/10.1007/978-3-658-26724-7_4

Scanner, die Daten werden in der Cloud gespeichert und über eine gemeinsame Plattform verwaltet. Die Standorte selbst sind über ein modernes MPLS-Weitverkehrsnetz (WAN) an das Rechenzentrum angebunden, das ein vom Internet unabhängiges Geschäftsnetzwerk ist. Über die Nachverfolgung der Fahrer weiß der Verbund jederzeit, welche Transporter in der Nähe sind, und kann neue Aufträge direkt zuspielen.

Kulturwandel bei WAREMA Renkhoff

Bei dem Gipfeltreffen der Weltmarktführer [2] durfte ich die Vorstandsvorsitzende von WAREMA, Angelique Renkhoff-Mücke, bei ihrem Beitrag zum Kulturwandel in ihrem Unternehmen live erleben. Eine beeindruckende Geschichte, die zeigt, dass es möglich ist, wenn man sich nur dafür entscheidet. Sie wagte den Schritt nach vorn, um das Unternehmen auf „den Weg nach morgen" zu bringen. Sie haben sich die aktuellen Entwicklungen und Einflussfaktoren (Agilität, Digitalisierung, Industrie 4.0 etc.) genauer angesehen und sich die Frage gestellt: „Wie werden sich diese Entwicklungen auf unser Unternehmen auswirken?" bzw. „Was bewegt uns als Unternehmen in Bezug auf diese Entwicklungen tatsächlich?"

Ihre Themen, die sie dann für sich definiert haben, waren: IT-Architektur, Diversität, New Work mit Open Space Offices, neue strategische Geschäftsfelder, die Überprüfung der Methodenkompetenz im Unternehmen sowie der Kommunikationsflüsse im Unternehmen und der grundsätzlichen Gestaltung des gemeinsamen Austauschs. Hier brauchte es Veränderung, um in der neuen Zeit langfristig mithalten zu können.

In einzelnen Pilotprojekten sind die Beteiligten dann die jeweiligen Themen Schritt für Schritt angegangen, unter Berücksichtigung der jeweiligen Schnittstellen, und haben sich ausprobiert. Ideen, die nicht gepasst haben, wurden wieder verworfen und es wurde nach neuen Wegen gesucht. Bei Erfolgen haben die Experimentierenden die ganze Firma daran teilhaben lassen, um jeden Mitarbeiter Stück für Stück und mit der Zeit auf dem Weg der Veränderung mitzunehmen.

Erfolgsfaktoren dabei waren: sehr viel Kommunikation, Organisationsentwicklung, die Chefs haben dabei als Vorbilder agiert, diverse HR-Maßnahmen, Netzwerken, Lernen von anderen, Sinn stiften und natürlich dranbleiben. Alle Faktoren arbeiteten dabei miteinander.

Komplett papierloses Büro
Das Ziel des papierlosen Büros hatte sich Doris Pattera [3] auf die Fahne geschrieben. In ihrer Steuerberatungskanzlei gibt es kein Papier mehr. Alle Dokumente wurden digitalisiert und in digitalen Abrechnungs- und Ablagesystemen gespeichert. Die Schnittstellen zum Finanzamt, den Kunden, den Banken und allen weiteren Beteiligten wurden neu geschaffen bzw. ergänzt. Dabei war die Herausforderung, auch die Kunden auf diese neue Reise mitzunehmen, denn auch die mussten dadurch auf eine komplett digitale Buchhaltung umsteigen. Viele sind diesen Weg mitgegangen, aber eben nicht alle. Auf unternehmerischen Veränderungswegen ist es dabei ganz natürlich, dass sich bisherig erfolgreiche Konstellationen mit Kunden, Lieferanten usw. dann auch ändern können. Loslassen ist eines der entscheidendsten Learnings in einem Veränderungsprozess.

Ein weiteres wichtiges Element in diesem Unterfangen war: Pattera selbst und ihre Mitarbeiter haben sich in vielen Schulungen weitergebildet. Um das papierlose Büro auch technisch umsetzen zu können, war dazu einiges an entsprechenden IT- und Softwarelösungen notwendig, die Pattera für ihr Büro anschaffte, was zusätzliche Investitionskosten bedeutete.

Seit der Umstellung geht jedoch alles einfacher, flexibler und auch schneller. Auch Homeoffice ist kein umständliches Unterfangen mehr, da alle Dokumente auf dem Rechner mit dabei sind. Dadurch kann die Kanzlei ihren Mitarbeitern eine größere Freiheit bieten, die dazu geführt hat, dass Teilzeitkräfte nun mehr Stunden arbeiten können, weil sie auch zu Hause die Möglichkeit haben, etwas zu tun, wenn die Kinder anderweitig beschäftigt sind.

Die Einführung des papierlosen Büros war kein Zuckerschlecken. Es war aufwendig, nervenaufreibend, kostete viele Gespräche mit den Mitarbeitern und natürlich war ein erheblicher finanzieller Aufwand notwendig. Trotzdem überwogen bereits während der Umstellung die Vorteile gegenüber dem Aufwand.

Weitere Beispiele aus dem Mittelstand

In der Firma **Dürrdental** [4] wurde ein Verfahren entwickelt, das Röntgenaufnahmen digitalisiert, indem spezielle Speicherfolien den herkömmlichen Röntgenfilm ersetzen. Vorteile der Folien: Sie können Hunderte Male belichtet werden und bieten trotzdem eine hervorragende Bildauflösung.

Bei **Grimme** [4] werden Kartoffelerntemaschinen mit intelligenter Elektronik verbunden. Die Steuerung und die Wartung der Maschinen erfolgt dabei aus der Firmenzentrale des Unternehmens. Zu dem weiteren Angebotssortiment zählen auch selbstfahrende Landmaschinen sowie eine App, die bei der Berechnung erntewichtiger Informationen hilft.

Bei **Dickmänken** [5] wird den Kunden eine Augmented-Reality-Lösung zur Verfügung gestellt, mit der sie maßgeschneiderte Schränke online konfigurieren können.

Smaato INC [5] bietet kleinen Unternehmen mit seinem vollautomatischen System die Möglichkeit, ihren Werbeprozess selbst in die Hand zu nehmen.

Stabilo International GmbH [5] hat einen digitalen Stift entwickelt, der mit Sensoren die schreibmotorischen Fähigkeiten misst und verbessert.

GEZE [6] vernetzt seine Produkte (Fenster-, Tür- und Sicherheitstechnik) untereinander (Stichwort: Smarthome), sodass sie zentral gesteuert und koordiniert werden können. Über Wartungs- und Störungsmeldungen kann der Hersteller mit den zugehörigen Tools direkt benachrichtigt werden.

Hoffmann Group entwickelt digitale Werkzeuge und flexible Automatensysteme, die den Verschleiß der Werkzeuge durch Einsatz von Sensorik vermindern oder die Werkzeugausgabe voll automatisieren.

Das sind nur einige der bisher bereits existierenden Beispiele.

Fazit

Die Beispiele zeigen, dass die jeweiligen Unternehmen die aktuellen Veränderungen ernst nehmen und vor allem in den neuen Technologien eine Chance sehen. Wir haben mit der neuen Ära die Möglichkeit, unsere Unternehmen auf eine neue Ebene weiterzuentwickeln. Dazu braucht es eine Entwicklung der an diese Zeit angepassten Unternehmenskultur, organisatorische Anpassungen sowie die Veränderungs- und Lernbereitschaft aller Beteiligten. Dafür steigern wir nicht nur die Effizienz unserer Unternehmen, sondern auch unsere Wettbewerbsfähigkeit, vor allem auf lange Zeit gesehen.

Ist es einfach? Nein. Ist es ein Zuckerschlecken? Definitiv nicht immer. Geht es von heute auf morgen? Sowieso nicht. Und trotzdem lohnt es sich. Wir sind in einem neuen Zeitalter angekommen, in einer Zeit, in der wir aktuell so viel selbst in die Hand nehmen und gestalten können wie schon lange nicht mehr. Weil sich einfach alles gleichzeitig ändert. Weil die Welt gerade so VUCA (siehe Kap. 1) ist, wie sie ist. Die Zukunftstrends (siehe Abschn. 2.2) verstärken diese Richtung noch. Es gibt bereits KMUs und Gründer, die hervortreten und mit neuen innovativen Ideen ganze Märkte aufmischen – jetzt ist die Zeit dafür. Nutzen auch Sie die Möglichkeiten.

Vorreiter helfen uns dabei, diesen Weg zu gehen. Jetzt sind Sie dran! Im nächsten Kapitel steht ein Miniaudit für Sie bereit. Testen Sie sich und Ihr Unternehmen und finden Sie heraus, wo Sie aktuell stehen und was Ihre ersten Schritte sein könnten.

Literatur

1. Grauert, D. (2017). Digital auf Achse (10. Mai 2017). https://digitaler-mittelstand.de/business/ratgeber/digital-auf-achse-36451. Zugegriffen am 29.04.2019.
2. Wirtschaftswoche. Gipfeltreffen der Weltmarktführer. https://www.weltmarktfuehrer-gipfel.de/. Zugegriffen am 29.04.2019.
3. Pattera, D. Steuerberatung. http://www.stb-pattera.at/. Zugegriffen am 29.04.2019.
4. Kainz, O. (2015). Hidden Champions – Deutscher Mittelstand ganz groß (13. August 2015). https://digitaler-mittelstand.de/trends/ratgeber/hidden-champions-kleiner-mittelstand-ganz-gross-12037. Zugegriffen am 29.04.2019.
5. Wirtschaftswoche, Telekom, Bundesministerium für Wirtschaft und Energie. Digital Champions Award – Nominierte 2018. https://digitalchampionsaward.wiwo.de/nominierte-2017-2/. Zugegriffen am 29.04.2019.
6. Stippel, P. (2014). Unternehmer sein ist doch keine Strafe (12. Dezember 2014). https://www.handelsblatt.com/unternehmen/mittelstand/hidden_champions/geze-chefin-im-interview-unternehmer-sein-ist-doch-keine-strafe/9738622-all.html. Zugegriffen am 29.04.2019.

5

Miniaudit: Wie gut ist mein Unternehmen für die Zukunft aufgestellt?

Wie zukunftsfähig sind Sie als Unternehmer mit Ihrem Unternehmen aufgestellt? Verschaffen Sie sich mit den Fragen in diesem Kapitel abschließend einen ersten Überblick über Ihren Status quo, um anschließend an den richtigen Stellschrauben in Ihrem Unternehmen drehen zu können.

Viel Spaß dabei!

5.1 Big Picture und Unternehmertum

1. Wissen Sie, warum Sie mit Ihrem Unternehmen tun, was Sie tun?

- Ja (2 Punkte)
- Teilweise (1 Punkt)
- Nein (0 Punkte)

2. Haben Sie ein klares Leitbild und klare Werte, die jeder Mitarbeiter versteht und auch lebt?

   * Ja (2 Punkte)
   * Teilweise (1 Punkt)
   * Nein (0 Punkte)

3. Steht Ihr Unternehmen auf stabilen Säulen, mit einer klaren Vision, die im Kern fest verankert ist?

   * Ja (2 Punkte)
   * Teilweise (1 Punkt)
   * Nein (0 Punkte)

4. Ist Ihre Unternehmensstrategie auf Nachhaltigkeit ausgelegt?

   * Ja (2 Punkte)
   * Teilweise (1 Punkt)
   * Nein (0 Punkte)

5. Gibt es in Ihrem Unternehmen Risikobewertungen, wie sich Trendeinbrüche oder gesetzliche Änderungen auf Ihr Unternehmen auswirken könnten?

   * Ja (2 Punkte)
   * Teilweise (1 Punkt)
   * Nein (0 Punkte)

6. Wenn alles schiefläuft, würden Ihre Mitarbeiter trotzdem geschlossen hinter Ihrer Führungsriege bzw. Ihren Entscheidungen stehen?

   * Ja (2 Punkte)
   * Teilweise (1 Punkt)
   * Nein (0 Punkte)

5.2 Personal und Führung

1. Führen Sie in Ihrem Unternehmen regelmäßig Mitarbeiterbefragungen durch und besprechen Sie die Ergebnisse in offenen und konstruktiven Runden?

   * Ja (2 Punkte)
   * Teilweise (1 Punkt)
   * Nein (0 Punkte)

2. Arbeiten alle Mitarbeiter selbstbestimmt und eigenverantwortlich?

   * Ja (2 Punkte)
   * Teilweise (1 Punkt)
   * Nein (0 Punkte)

3. Wissen Sie, wie sich Ihre Personalstruktur in den nächsten 5 bis 10 Jahren verändern wird?

   * Ja (2 Punkte)
   * Teilweise (1 Punkt)
   * Nein (0 Punkte)

4. Sind Sie darauf vorbereitet, ganze Generationen in sehr kurzer Zeit zu verlieren (z. B. Erreichung Rentenalter)?

   * Ja (2 Punkte)
   * Teilweise (1 Punkt)
   * Nein (0 Punkte)

5. Wissen Sie, welche Art von Jobs Sie zukünftig in Ihrem Unternehmen noch brauchen und was durch Technologieeinsatz umgesetzt wird?

   * Ja (2 Punkte)
   * Teilweise (1 Punkt)
   * Nein (0 Punkte)

6. Haben Sie Ihr Recruiting bereits darauf ausgerichtet, dass Sie sich bei den Interessenten präsentieren und bewerben und nicht mehr umgekehrt?

- Ja (2 Punkte)
- Teilweise (1 Punkt)
- Nein (0 Punkte)

7. Haben Sie in Ihrem Unternehmen sichergestellt, dass Wissen an die nächsten Beteiligten/die nächste Generation weitergegeben wird?

- Ja (2 Punkte)
- Teilweise (1 Punkt)
- Nein (0 Punkte)

8. Bemühen Sie sich, individuelle Lösungen für individuelle Herausforderungen der Mitarbeiter zu finden?

- Ja (2 Punkte)
- Teilweise (1 Punkt)
- Nein (0 Punkte)

9. Nutzen Sie schon Homeoffice und Co-Working Spaces für eine individuellere Arbeitsweise?

- Ja (2 Punkte)
- Teilweise (1 Punkt)
- Nein (0 Punkte)

10. Bieten Sie betriebliche Gesundheitsprogramme für alle Mitarbeiter an?

- Ja (2 Punkte)
- Teilweise (1 Punkt)
- Nein (0 Punkte)

5.3   Kommunikation und Innovation

1. Gibt es regelmäßige, abteilungsübergreifende Kreativitäts-/Brainstormingaktivitäten oder Kreativwettbewerbe, um verborgene Ressourcen zu entdecken?

   * Ja (2 Punkte)
   * Teilweise (1 Punkt)
   * Nein (0 Punkte)

2. Gibt es im Unternehmen Erfolgszirkel, in denen jeder Mitarbeiter über seine Erfolge sprechen kann?

   * Ja (2 Punkte)
   * Teilweise (1 Punkt)
   * Nein (0 Punkte)

3. Schaffen Sie in Ihrem Unternehmen ausreichend Zeitpuffer, um über aktuelle Trends und Entwicklungen zu sprechen/zu diskutieren?

   * Ja (2 Punkte)
   * Teilweise (1 Punkt)
   * Nein (0 Punkte)

4. Werden in Ihrem Unternehmen Fehler als Chancen und Wachstumsmöglichkeiten gesehen und auch gelebt?

   * Ja (2 Punkte)
   * Teilweise (1 Punkt)
   * Nein (0 Punkte)

5. Nutzen Sie Kreativprozesse, um neue Ideen zu kreieren?

   * Ja (2 Punkte)
   * Teilweise (1 Punkt)
   * Nein (0 Punkte)

5.4   Neue Technologien

1. Sind Ihre Prozesse zu mind. 50 % mit Technologien oder Softwareprogrammen unterstützt?

   * Ja (2 Punkte)
   * Teilweise (1 Punkt)
   * Nein (0 Punkte)

2. Setzt sich Ihr Unternehmen mit den Möglichkeiten von KI, Virtual Reality etc. auseinander?

   * Ja (2 Punkte)
   * Teilweise (1 Punkt)
   * Nein (0 Punkte)

3. Haben Sie alle Unternehmensprozesse unter die Lupe genommen und festgestellt, welche Sie mit neuen Technologien unterstützen können und auch wollen?

   * Ja (2 Punkte)
   * Ansatzweise (1 Punkt)
   * Nein (0 Punkte)

Zählen Sie nun Ihre erreichten Punkte zusammen

Die Auswertung zum Miniaudit finden Sie unter: https://zukunftsunternehmertum.de/wp-content/uploads/2019/03/Auswertung-Self-Check-1.pdf.[1]

---

[1] Sie wünschen sich eine ausgiebige und individuelle Analyse für Ihr Unternehmen? Dann schreiben Sie uns unter: analyse@motivatorin.de.

Sie wollen mehr Digitalisierung in Ihrem Unternehmen und suchen nach Förderprogrammen, die Sie dabei unterstützen? Mit dem Link finden Sie passende Angebote: https://zukunftsunternehmertum.de/wp-content/uploads/2019/03/trainM-Beratungsförderung_2019.pdf.

Printed in the United States
By Bookmasters